了不起的
中国传统
数学文化

初中篇

主编 ◎ 张维忠
副主编 ◎ 唐恒钧　倪明

华东理工大学出版社
EAST CHINA UNIVERSITY OF SCIENCE AND TECHNOLOGY PRESS
·上海·

图书在版编目(CIP)数据

了不起的中国传统数学文化. 初中篇 / 张维忠主编；唐恒钧，倪明副主编. -- 上海：华东理工大学出版社，2024.9. -- ISBN 978-7-5628-7538-3

Ⅰ.G634

中国国家版本馆 CIP 数据核字第 2024FC2411 号

项目统筹 / 郭　艳　王可欣
责任编辑 / 杨　凡
责任校对 / 石　曼
装帧设计 / 居慧娜
出版发行 / 华东理工大学出版社有限公司
　　　　　地址：上海市梅陇路 130 号,200237
　　　　　电话：021-64250306
　　　　　网址：www.ecustpress.cn
　　　　　邮箱：zongbianban@ecustpress.cn
印　　刷 / 常熟市双乐彩印包装有限公司
开　　本 / 787 mm×1092 mm　1/16
印　　张 / 10.5
字　　数 / 187 千字
版　　次 / 2024 年 9 月第 1 版
印　　次 / 2024 年 9 月第 1 次
定　　价 / 60.00 元

版权所有　侵权必究

本书编委会

主　编：张维忠

副主编：唐恒钧　倪　明

参编人员（按姓氏音序排列）：

陈可可　程孝丽　李佳薇　李婉玥　李　雯　林琪瑜

倪　明　潘富格　邵诺愉　宋晓煜　孙军波　唐恒钧

唐慧荣　陶慧婵　岳增成　张　豪　张维忠　赵千惠

前　言

我们从小就开始学习数学,并且她会陪伴我们一生。你会发现,不管是在学习其他课程时,还是在生活、工作中,都会有数学的影子。

如果有人问:"数学是什么?"我们也许会说:"是一堆数字、一堆图形、一堆公式,是很多很多的定理,是做也做不完的各类题目……"数学可能给许多人留下了抽象、乏味甚至枯燥的印象。

事实上,数学并不是这样的,她有着丰富、精彩的内容!数学是美的,她和音乐的联系源远流长,共同谱写着美的乐章;她为美术提供独特的视角,裁剪出具有对称美的窗花;她与光影交汇,幻化出最古老的电影——皮影戏。数学是有魅力的,她源于河图洛书的幻方,述说着神秘的故事;数学是有力量的,她帮助人们造出了"漏壶"这样的计时工具以及精美的瓷器;数学是好玩的,她藏身于七巧板等让人着迷的数学游戏中;数学是厚重的,她是在漫长的历史中逐渐成长起来的,并孕育出了浓缩着我国先哲智慧的灿烂成果,如赵爽弦图、杨辉三角、出入相补、方程术、割圆术等。以上所述其实都属于数学文化的内容,或者说是从历史文化的角度研究数学所看到的内容。

数学文化也得到了我国数学课程与教学改革的高度重视。《义务教育数学课程标准(2022年版)》在"课程理念"中特别提出:"关注数学学科发展前沿与数学文化,继承和弘扬中华优秀传统文化。"2021年1月,教育部颁布的《中华优秀传统文化进中小学课程教材指南》强调了我国古代数学成就的重要性,要求在中小学数学教材中纳入我国传统数学内容。具体来说,中小学数学教材应呈现数学典籍、数学家的发现发明创造及人物传记等具体内容。此外,数学文化也受到了考试评价的关注,在全国各地中考、高考试题中屡见数学文化,尤其是中华优秀传统数学文化的试题。

  本书精心选取 18 个专题,每个专题包括追根与溯源、数学与文化、实践出真知、应用与拓展等版块内容,旨在为初中生和数学教师欣赏中国传统数学文化、提高解决数学文化题的能力提供帮助与启发。各专题顺序大致按年级由低到高排列,但阅读不一定拘泥于这一排序,只要对某个专题有兴趣就可以阅读。希望其中的历史故事和典型例题会让你对数学产生好奇心,体验到数学的乐趣,感受到数学的惊人力量。

编 者

2023 年 12 月

目录

1	❶	奇妙的数字组合：幻方
12	❷	数学与音乐的古今碰撞：音律中的数学
19	❸	千般百变剪出来：中国剪纸
28	❹	古人计时的奥秘：漏壶
38	❺	中国古代数学瑰宝：赵爽弦图
46	❻	千古勾股情：梅文鼎与勾股定理
55	❼	中国古代的解方程理论：方程术
64	❽	变幻无穷的东方魔板：七巧板
73	❾	中国匠人智慧的结晶：拱桥

目录

- 80　⑩ 从规矩到尺规作图：规与矩中的数学
- 89　⑪ 中国古代几何中的千古绝技：割圆术
- 99　⑫ 博弈与概率：田忌赛马
- 106　⑬ 中国古代水利灌溉工具：筒车
- 113　⑭ 中国传统天文仪器：圭表
- 120　⑮ 数字的宝库：神奇的杨辉三角
- 129　⑯ 中华陶瓷文化中的数学：器蕴几何
- 136　⑰ 中国古代几何学基本原理：出入相补原理
- 144　⑱ 光影与数学的完美结合：皮影戏
- 151　附录
- 154　参考文献
- 158　后记

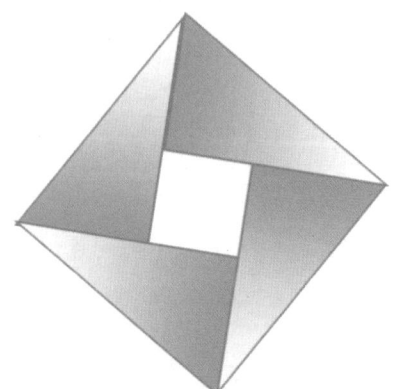

1 奇妙的数字组合：幻方

> 相信你小时候一定听过大禹治水的故事吧！据《史记》记载，上古时期洪水成灾，大禹为了治水殚精竭虑，奔波各地，疏通水道。历时13年，才成功引洪水入海，天下自此得以安定。其实，关于大禹治水的传说，除了耳熟能详的"三过家门而不入"，历史上还流传着一些具有神秘色彩的故事……

一 追根与溯源：神秘的幻方

传说大禹在治水初期，仍沿用父亲鲧(gǔn)的堵截治水的方法，但毫无效果。直到有一天，大禹来到洛水边，水中浮现出一只神龟，龟背上有一个奇怪的图案(图1-1)。大禹从中受到启发，采用疏导的方法，终于治水成功。后来，他借此思路划分了九州，奠定了中国早期的政治地理格局。由于神龟出于洛水，今天人们称这个图案为"洛书"。

那么，洛书究竟是什么样的呢？北宋易学家刘牧(1011—1064)对华山道士陈抟(tuán)所著的《易龙图》进行了深入的研究，并著书《易数钩隐图》，从此洛书逐渐为世人所知，并演变为今天的模样(图1-2)。

图1-1

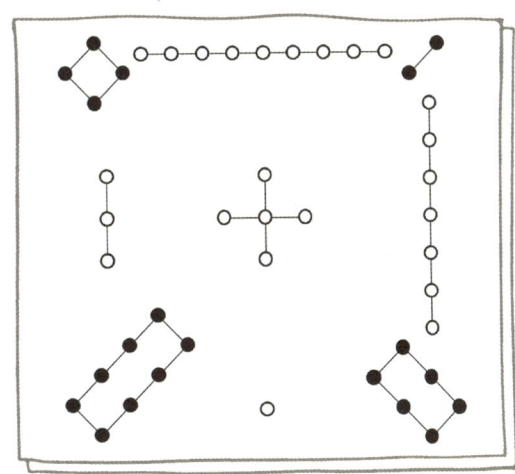

图1-2

如果用阿拉伯数字表示洛书中的点，就能看到洛书是一个由1到9这9个数字有规律地排列而成的3阶方阵(图1-3)。早在公元前1世纪的《大戴礼·明堂》中就记载了洛书中的"二、九、四、七、五、三、六、一、八"这组数。北周甄鸾注释《数术记遗》时,也写道:"九宫者,即二四为肩,六八为足,左三右七,戴九履一,五居中央。"因此,洛书也被称为"九宫算"或"九宫图"。

4	9	2
3	5	7
8	1	6

图 1-3

从史料中可以发现,先有洛书之名,再有九宫算,并且直到宋代才有学者将九宫算与洛书的内容联系起来。南宋时期,数学家杨辉(约1238—约1298)将这种图形命名为"纵横图",并从数学的角度进行研究。这在某种程度上剥去了洛书的神秘外衣——洛书本质上就是3阶纵横图。

自杨辉以后,中国数学家对纵横图的研究从未间断,如宋代的丁易东,明代的王文素、程大位,清代的方中通、张潮、保其寿等人都对纵横图有较为深入的研究。直到15世纪,纵横图才由中国传入欧洲,之后欧洲人感受到其中的神奇之处,认为它具有镇压妖魔的作用,便把它作为护身符,并将洛书称为幻方(Magic Square)。这也是今天幻方之名的由来。

二 数学与文化:幻方中的数学奥秘

一般地,我们将**由从 1 到 n^2 的 n^2 个连续正整数排列而成的,满足各行、各列、各条对角线上的正整数之和都相等的 $n \times n$ 的方阵被称为 n 阶幻方**。相较于由 1、2、3 等连续正整数生成的幻方,有的幻方中所填的数不局限于正整数,而是有理数甚至实数,并且仍然遵循"方阵每行、每列、每条对角线上的 n 个数之和均相等"这一基本原则,这样的幻方被称为**广义 n 阶幻方**。n 阶幻方是广义 n 阶幻方的一类特殊情况。

一个 n 阶幻方,当 n 为奇数时,被称为**奇数阶幻方**;当 n 为偶数时,被称为**偶数阶幻方**。而这个相等的和就叫作**幻和**或者**幻方常数**。例如上述由 1 到 9 组成的 3 阶幻方,其幻和为 15。

1 洛书中的数学奥秘

事实上,洛书的奇妙之处还有很多。从数字本身的特点出发,如果把洛书中每行和每列的数字看成一个三位数,那么可以发现这些数的和与它们的镜反数(倒过来写的数)的和相等,均为 1 665:

$$492 + 357 + 816 = 618 + 753 + 294$$

$$438 + 951 + 276 = 672 + 159 + 834$$

类似地,任意选取两行或两列的数字组成 3 个两位数,写出对应的镜反数,也会发现

这些数的和是相等的,均为 165:

$$49+35+81=18+53+94 \quad ①$$
$$43+95+27=72+59+34 \quad ②$$
$$42+37+86=68+73+24 \quad ③$$
$$48+91+26=62+19+84 \quad ④$$
$$92+57+16=61+75+29 \quad ⑤$$
$$38+51+76=67+15+83 \quad ⑥$$

这其实不难理解,因为每行、每列的 3 个数之和都是 15。

真正神奇的来了,首先,我们可以发现"洛书"中有两组一位数的平方和等式:

$$4^2+9^2+2^2=8^2+1^2+6^2, 4^2+3^2+8^2=2^2+7^2+6^2$$

20 世纪后半叶,奥尔姆(K. Holmes)和巴尔博(E. J. Barbeau)在前面一些等式的基础上稍加变形,得到了一些更奇特的平方和等式:

$$492^2+357^2+816^2=618^2+753^2+294^2$$
$$438^2+951^2+276^2=672^2+159^2+834^2$$
$$42^2+37^2+86^2=68^2+73^2+24^2$$
$$48^2+91^2+26^2=62^2+19^2+84^2$$

可以看到,后两组平方和等式是在③④的基础上每个数取平方得到的。而对于①②⑤⑥,将每个等式的左右两端进行重新组合,也能得到相应的平方和等式。

$$49^2+35^2+81^2=61^2+75^2+29^2$$
$$43^2+95^2+27^2=67^2+15^2+83^2$$
$$94^2+53^2+18^2=16^2+57^2+92^2$$
$$34^2+59^2+72^2=76^2+51^2+38^2$$

可见,洛书中蕴含着丰富的数量关系,这不仅体现在 9 个数的配置上,在把行、列看作一个整体的情况下,数字的配置依旧保持均衡和对称。这既是从古至今人们追求形式美的纪实,也体现了数学本身的秩序与和谐。

2 幻方中的几何图形

(1) 幻方中的"线"

事实上,如果从数形结合的角度来看幻方,我们还能通过数量关系,找到幻方中蕴含着的几何图形。如果将幻方中三数之和等于幻和的每一组数分别连线,就能绘制出 8 条线段,其中横向 3 条、纵向 3 条、斜向 2 条。

结合幻方中各空格的位置特点,可以将 3 阶幻方中的 9 个空格分成三类——角格、边格、中心格,如图 1-4 所示。其中,角格参与了 3 次求和,边格参与了 2 次求和,中间格参与了 4 次求和。

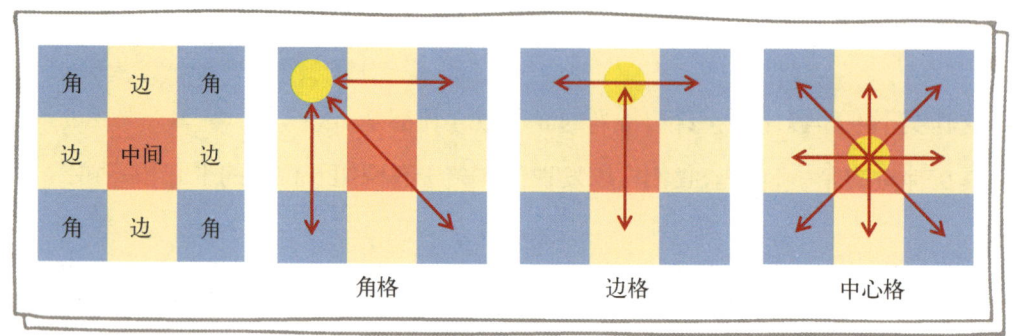

图 1-4

在 3 阶幻方中,3 个数的和为 15 的等式共 8 个:

$$1+5+9=15, 2+4+9=15, 2+6+7=15, 3+5+7=15$$
$$1+6+8=15, 2+5+8=15, 3+4+8=15, 4+5+6=15$$

你能据此说明,位于中心格、边格、角格的分别是哪些数吗?

(2) 幻方中的黄金三角

如图 1-5 所示,观察 3 阶幻方中这一三角形所对应的数,可以发现,角格数×2=与其不相邻的两边格数之和,例如 $6×2=3+9, 8×2=9+7, 4×2=7+1, 2×2=1+3$。我们称这样的三角形为幻方中的"黄金三角"。那么该如何解释这一现象呢?

如图 1-6 所示,将 3 阶幻方中的 9 个数用 $a \sim i$ 表示,以 a、h、f 为例,有 $(a+d+g)+(a+e+i)=(d+e+f)+(g+h+i) \Rightarrow 2a=f+h$。

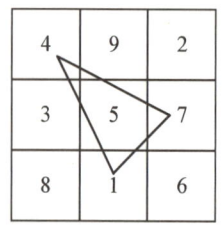

图 1-5

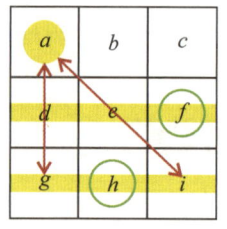

图 1-6

(3) 幻方的旋转与对称

3阶幻方中的4条线形成了一个"米"字格。"米"字格中相对两个端点上的数成对出现、两两呼应,因此3阶幻方本质上只有1种(被称为**基本形式**)。如果考虑幻方的对称性,通过将方阵旋转与轴对称,一共可以得到8种不同的幻方(图1-7)。

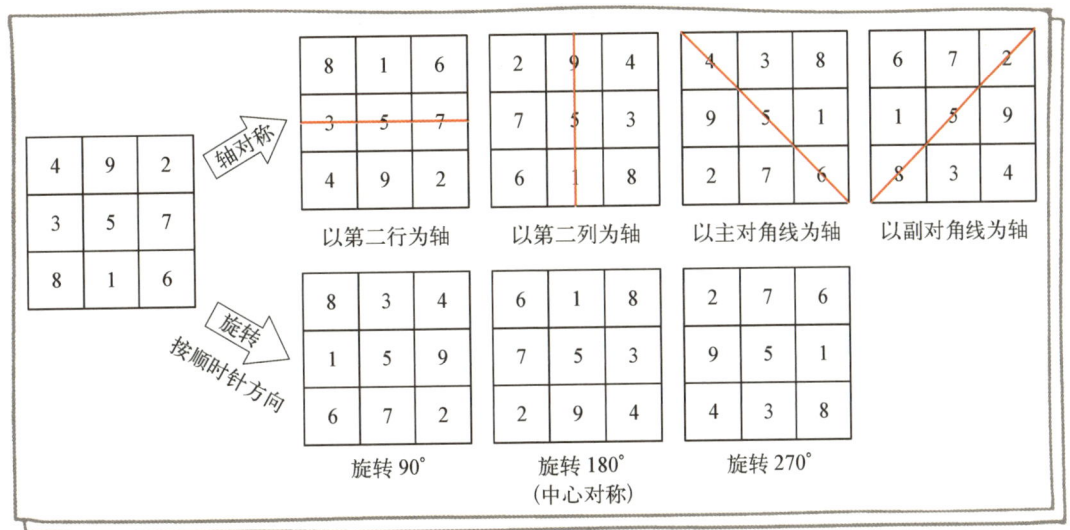

图1-7

事实上,4阶及以上的幻方,其复杂度相对3阶幻方有明显的上升。4阶幻方有880个基本形式,5阶幻方则有275 305 224个基本形式。而5阶以上各阶幻方的基本形式到底有多少,至今未能有确切的答案。

3 研究幻方第一人——杨辉及其发现

我们不禁会问,最早对幻方进行系统性研究的人是谁呢?他就是南宋数学家杨辉。

杨辉在1275年所著的《续古摘奇算法》中,将幻方作为一个纯数学问题加以研究,给出了3～10阶的纵横图及13种变体,还绘制了13幅纵横图(1幅洛书数、2幅四四图、2幅五五图、2幅六六图、2幅七七图、2幅六十四图、1幅九九图、1幅百子图)。同时,他还给出了"洛书数"(3阶幻方)和"四四阴图"(4阶幻方)的构造方法,为明清数学家对幻方的深入研究打下了基础。

(1) 如何求 n 阶幻方的幻和——求积数术

对于 n 阶幻方,杨辉总结出了求幻方全体数之和以及幻和的方法——"求积数术"。

杨辉将幻方全体数之和称为"总积"或"共积",有时也简称为"积"。在求积数术中,通过"并上下数,以高数乘之,折半"即可得总积。以3阶幻方为例,上数为1,下数为9,高数为9,因此总积为$(1+9)\times 9\times\frac{1}{2}=45$。而$n$阶幻方的上数为1,下数与高数均为$n^2$,用公式则可以表示为$\frac{1}{2}n^2(1+n^2)$。我们都知道著名的高斯求和公式,原来对于发现连续自然数的求和公式,杨辉可是比高斯早不少呢!

在求积数术中,幻和被称为"纵横",把总积"以行数除之"可得纵横,由此可得n阶幻方的幻和S和阶数n的关系:$S=\frac{1}{2}n(1+n^2)$。显然,立足于幻方的基本规则,"幻和=总积÷阶数"这一规律在广义幻方中依旧适用。

(2) 幻方的构造方法——斜排法与换易术

幻方的构造是有规律可循的。对于3阶幻方,杨辉给出了一个非常巧妙的3阶幻方构造口诀——"九子斜排,上下对易,左右相更,四维挺出。"我们把这种构造方法称为**斜排法**,如图1-8所示。

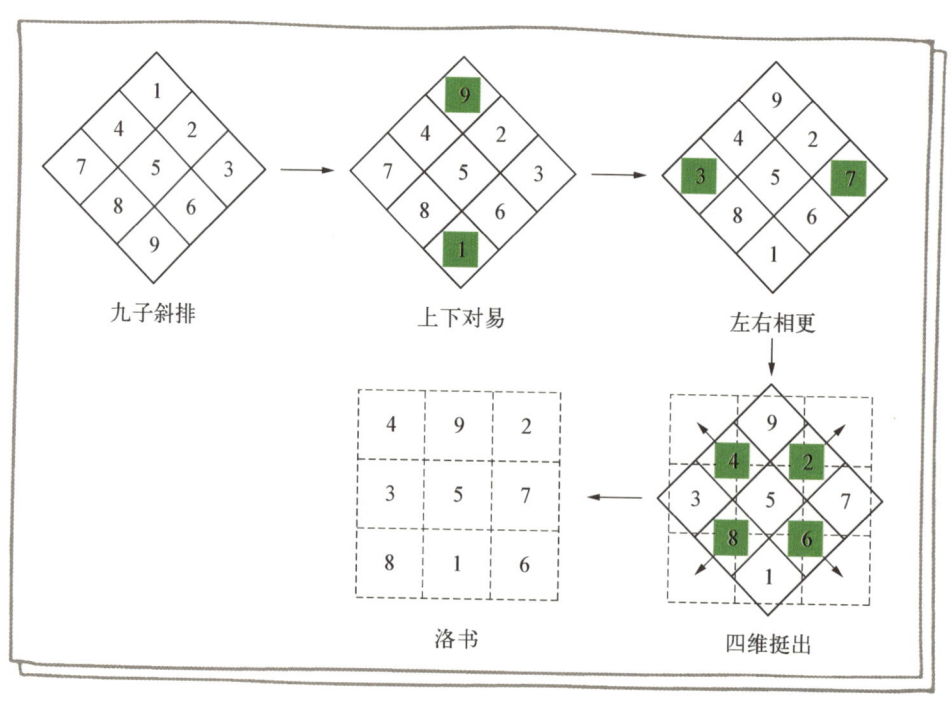

图1-8

对于4阶幻方的构造,杨辉提出了一种简单而有趣的方法——**换易术**,即16个数依次从上至下、从右至左排成四行四列,两条对角线上的8个数以原点为中心做对称变换。

如图1-9所示,最终会得到一个幻和为34的4阶幻方。

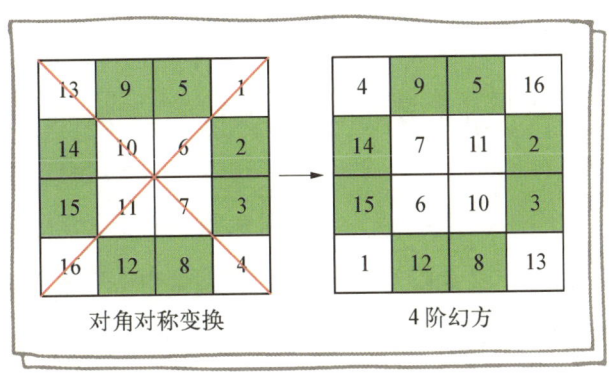

图1-9

除此之外,杨辉还提出了一种构造4阶幻方的总体思路:先"求积",计算幻和;再"求等",进行填数。在他看来,"绳墨既定,则不患数之不及也",也就是说只要掌握了规律,就不难做出幻方。

迄今为止,构造幻方的方法不胜枚举,其中较为经典的还有阶梯法(巴舍法)、罗伯法、LUX法、斯特雷奈法……

三 实践出真知:中考题中的幻方

由于有着丰富的变化,幻方在中考题中经常出现。

> **例1(2021·陕西)** 幻方,最早源于我国,古人称之为纵横图。如图1-10所示的幻方中,各行、各列及各条对角线上的三个数之和均相等,则图1-10中 a 的值为_____。
>
> | -1 | -6 | 1 |
> |----|----|----|
> | 0 | a | -4 |
> | -5 | 2 | -3 |
>
> 图1-10

[分析] 这道题以幻方为情境,考查一元一次方程的应用及求解。根据"各行、各列及各条对角线上的三个数之和均相等",可列方程 $-1+(-6)+1=0+a+(-4)$,即可解得中心数 $a=-2$。

在这个广义3阶幻方中,幻和为-6,中心数为-2。可以发现,虽然幻和、中心数与洛书不同,但在这两个幻方中,幻和均为中心数的 3 倍,这并非巧合。

同样地,将广义 3 阶幻方中的 9 个数用 $a\sim i$ 表示(图 1-11),设幻和为 S,从定义出发,将与中心数 e 相关的 4 个等式相加,可得 $(a+e+i)+(c+e+g)+(b+e+h)+(d+e+f)=4S$,整理得 $(a+b+c)+(d+e+f)+(g+h+i)+3e=4S$,则 $3S+3e=4S$,所以 $S=3e$,也就是说,在广义 3 阶幻方中,幻和仍然是中心数的 3 倍。

a	b	c
d	e	f
g	h	i

图 1-11

在验证幻和与中心数的关系后,返回来再次观察与中心数 e 相关的 4 个等式,不难发现,$a+i=c+g=b+h=d+f=S-e=2e$,从而可以得到推论——**关于中间格位置对称的两个数之和为定值,是中心数的 2 倍**。

> **例 2(2022·湖北武汉)** 幻方是古老的数学问题,我国古代的洛书中记载了最早的幻方——九宫格。将 9 个数填入幻方的空格中,要求每一横行、每一竖列以及两条对角线上的 3 个数之和相等,例如,图 1-12(1) 就是一个幻方。图 1-12(2) 是一个未完成的幻方,则 x 与 y 的和是( )。
>
> | 4 | 9 | 2 |
> |---|---|---|
> | 3 | 5 | 7 |
> | 8 | 1 | 6 |
>
> (1)
>
> | x | 6 | 20 |
> |---|---|---|
> | 22 | | y |
> | | | |
>
> (2)
>
> 图 1-12
>
> A. 9　　　B. 10　　　C. 11　　　D. 12

[分析] 这道试题主要考查对幻方的认识。根据幻方的规律,可以求出左下角的数为 $6+20-22=4$,再由"关于中间格位置对称的两个数之和为定值,是中心数的 2 倍"这一推论可得 $y=4+20-22=2$,进一步可得中心数 $=\dfrac{20+4}{2}=12$,所以 $x=20+12-22=10$,最后计算得到 $x+y=10+2=12$。所以选 D。

> **例 3(2019·湖北随州)** 2017 年,随州学子尤东梅参加"最强大脑"节目,成功完成了高难度的项目挑战,展现了惊人的记忆力,在 2019 年的"最强大脑"节目中也有很多具有挑战性的比赛项目,其中"幻圆"这个项目充分体现了数学的魅力。如

图1-13是一个最简单的2阶幻圆的模型,要求:① 内、外两个圆周上的四个数之和相等;② 外圆两直径上的四个数之和相等,则图中两空白圆圈内应填写的数从左到右依次为_____和_____。

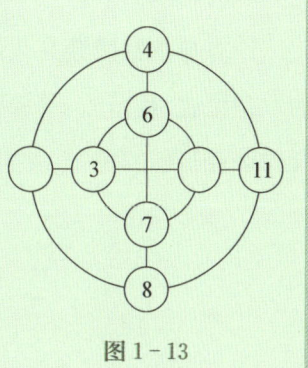

图1-13

[分析] 这道题以二阶同心幻圆为背景,考查二元一次方程组的应用。由题意先设图1-13中两空白圆圈内应填写的数从左到右依次为x、y,再由要求①可列方程$3+6+y+7=x+4+11+8$,由要求②可列方程$4+6+7+8=x+3+y+11$,联立解得$x=2$,$y=9$。

幻圆是幻方的一种变形,要求将正整数排列在多个同心圆或多个连环圆上,使各圆周上的数之和相同,各直径上的数之和也相同。我国古代数学家杨辉的攒九图、丁易东的太衍五十图都是著名的同心幻圆(图1-14)。

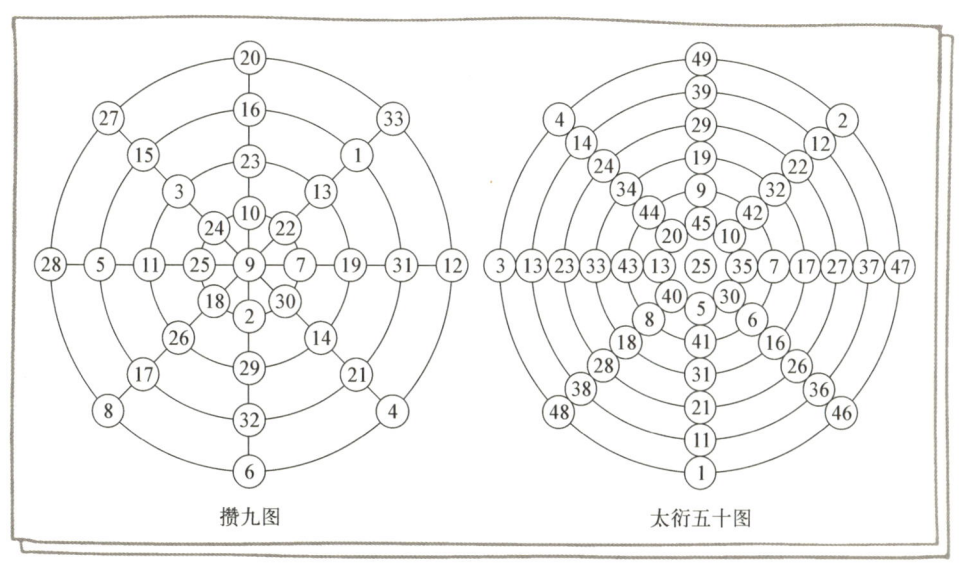

攒九图　　　　　　太衍五十图

图1-14

四　应用与拓展:幻方的古今应用

幻方的背后有丰富的文化内涵。例如成语"九五之尊""天圆地方"就与幻方有着千丝万缕的联系。

幻方与少数民族文化的融合,常常出现在生活用品之中。例如被认为与洛书有关的八角星纹,是苗族、彝族等西南少数民族服饰的常见纹样(图 1-15);藏族人民把幻方看作辟邪祈福的象征,并将其融入了唐卡、护身符中……

图 1-15

在建筑学领域,中国古代都城建设的幻方模式、现代建筑的幻方理念都从幻方背后的"天圆地方"出发,通过方与圆的空间组合与变换,既实现了建筑的传统功能,又在建筑中呈现了文化思想。

在艺术学领域,1514 年,德国画家丢勒(Albrecht Dürer,1471—1528)在铜版画《忧郁Ⅰ》中绘制了一个特别的 4 阶幻方(图 1-16);我国碑史上第一座数字碑——百子碑

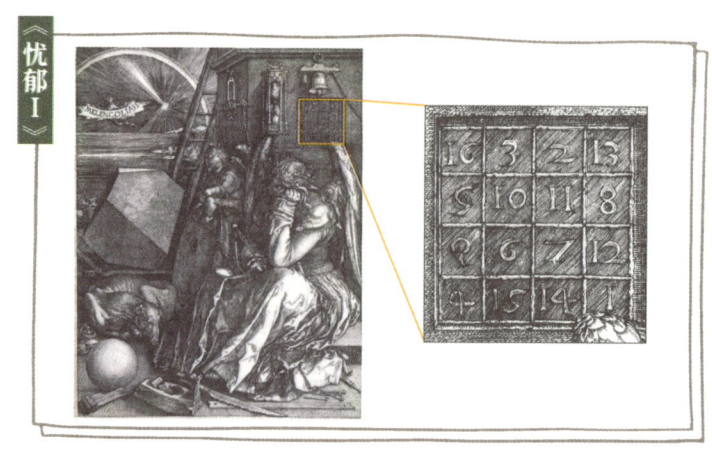

图 1-16

(图1-17),通过一个10阶幻方印刻了一部包含澳门回归日期、土地面积在内的澳门简史。这些例子都体现了艺术美与理性美的和谐与统一。

图1-17

在密码学领域,幻方变换是置乱加密的经典方法。利用幻方的特点,科学家对图像像素方阵进行变换,把明文图像加密成为难以辨认的图像。

这个专题中,仅仅展示了幻方的冰山一角,在幻方的背后还有着许多奥秘,等待着你们一探究竟!

2 数学与音乐的古今碰撞：音律中的数学

"音乐——这是心灵的欢乐，而心灵不知不觉地进行着计算。"

"音乐，就它的基础来说，是数学的。"

——德国哲学家、数学家戈特弗里德·威廉·莱布尼茨

听，这是《梁祝》中优美动听的旋律、《十面埋伏》里的铮铮琵琶声、令人激动的贝多芬交响曲、田野中昆虫悦耳的鸣唱……当沉浸在这些美妙的音乐中时，你是否相信它们与数学有着密切的联系呢？在计算机和信息技术飞速发展的今天，音乐和数学的关联更加紧密，在音乐理论、音乐作曲、音乐合成、电子音乐制作等方面，都不同程度地用到了数学。接下来，就让我们一起畅游在数学与音乐的王国（图2-1），聆听数学与音乐的古今对话，揭开音律中的数学的神秘面纱吧！

图2-1

一 追根与溯源：音律发展过程中的数学

音律是音乐中最基础的定律，规定着所有音的音高及其相互关系。有了音律，可以根据任何一个单音（如我们熟悉的"do、re、mi、fa、sol、la、si"）的音高，推出所有单音的音高。目前，世界上常用的音律有五度相生律、三分损益法、十二平均律、纯律等。

三分损益法是世界上有文字记载的、最早采用数学计算来确定音律的方法，其利用律管①长度之间的关系来生成不同的音调，被视为我国的"乐制之祖"。首先，将一支律

---

① 律管是古代音乐用来确定音高的标准器。

管所发出的音定为基音(也可称之为"标准音"),然后将此律管长度减少三分之一("损一")或增加三分之一("益一"),就可以发出比基音高五度①的音或低四度的音。其中的奥秘就在于,律管长度与频率成反比,当律管管径不变时,律管越短,频率越高,发出的声音音调也越高。

五度相生律,在西方最早是由毕达哥拉斯(Pythagoras,约前580—约前500)及其学派提出来的,故又称毕达哥拉斯律。相传,毕达哥拉斯发现,当律管的长度为原来的一半时,频率变为原来的2倍。因此以2∶1的频率比可以生成一系列的音。但是这些音过于单调,于是想到用3∶2的频率比进行生音(毕达哥拉斯发现,当两个声音的频率比为简单的整数比时,听上去会特别和谐)。这就产生了五度相生律。

所谓五度相生律,即以一音为基音,将频率比为3∶2的纯五度音程②作为生音要素,得到八度以内的所有音。其具体操作方式如下:首先,选取一个音为基音,然后将基音的频率乘$\frac{3}{2}$(对应律管的长度$\times\frac{2}{3}$),可得到一个比其高五度的音;当频率再次乘$\frac{3}{2}$时,会超过原来的2倍$\left(\frac{3}{2}\times\frac{3}{2}=\frac{9}{4}>2\right)$,由于我们研究的是一个八度以内,所以需要将$\frac{9}{4}$乘$\frac{1}{2}$,得到$\frac{9}{8}$。依此类推,便能得到后面的音。

我们可以看到,五度相生律的优点在于所有相差五度的两个音听起来是非常和谐的。既然如此,为什么后来使用最广泛的音律是十二平均律呢?

以图2-2展示的模拟钢琴键盘为例,我们首先从C_1开始按纯五度音程向上跃升,

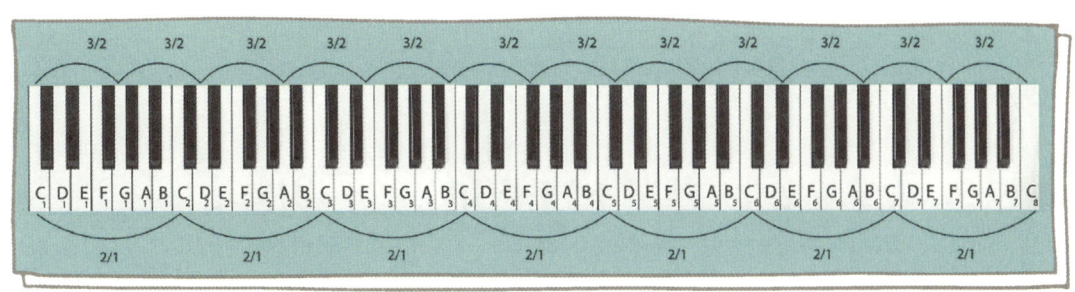

图2-2

---

① 度是一种人为规定的单位,用来衡量音与音之间的"距离"(音程),即从一个音名到另一个音名要经过的音名个数(首尾各计算一次),例如从do到sol相差了五度,从中音do到高音do相差了八度。
② 这里可以简单理解为相差五度的两个音的距离,比如C—G,D—A,E—B等,其严格定义涉及音数的概念,全音的音数为1,半音的音数为$\frac{1}{2}$,相邻的两个音之间的音程为半音。音数为$3\frac{1}{2}$的五度音程就是纯五度音程。

即 $C_1 \to G_1 \to D_2 \to A_2 \to E_3 \to B_3 \to F_4^\# \to C_5^\# \to G_5^\# \to D_6^\# \to A_6^\# \to F_7 \to C_8$[①]，最终可达到 C_8 的位置。其次，还是从 C_1 开始，改为按纯八度音程（如 C_1—C_2、C_2—C_3）向上跃升，即 $C_1 \to C_2 \to C_3 \to C_4 \to C_5 \to C_6 \to C_7 \to C_8$，最终同样可以达到 C_8 的位置。

现在我们思考这样一个问题：假设基音 C_1 的频率为 f，能否分别列出式子表示两次操作中 C_8 的频率？

> 按纯五度音程计数时，每次跳跃意味着频率变为前者的 $\frac{3}{2}$ 倍，计算得 C_8 的频率为 $f \times \frac{3}{2} \times \frac{3}{2} \times \frac{3}{2} \times \frac{3}{2} \times \frac{3}{2} \times \frac{3}{2} \times \frac{3}{2} \times \frac{3}{2} \times \frac{3}{2} \times \frac{3}{2} \times \frac{3}{2} \times \frac{3}{2} = \left(\frac{3}{2}\right)^{12} \times f = \frac{531\,441}{4\,096} f \approx 129.75 f$，而按纯八度音程计数时，每次跳跃意味着频率变为前者的 2 倍，计算得 C_8 的频率为 $f \times \frac{2}{1} \times \frac{2}{1} \times \frac{2}{1} \times \frac{2}{1} \times \frac{2}{1} \times \frac{2}{1} \times \frac{2}{1} = 2^7 \times f = 128 f$。

我们看到，当以不同的方式到达同一个音时，得到的两个运算结果是不一样的。在五度相生律中，129.75 和 128 之间的这种不一致$\left(\text{通常以比率形式 } \frac{129.75}{128} \approx 1.01 \text{ 表示}\right)$被称为**毕达哥拉斯音差**。同样地，在三分损益法中也存在着类似的问题，即最终得到是"'不'平均律"。这也正是长久困扰古代音乐家们的难题，它最终促使了十二平均律的诞生，推动了音乐发展的进程。

二 数学与文化：从"'不'平均律"到"平均律"

十二平均律又称"十二等程律"，是指将一组音（八度）分成十二个半音音程的律制，各相邻两音之间的波长之比完全相等。十二平均律是目前世界上最为普及、实用性最强的音律，比如钢琴便是以此定音的。表 2-1 中给出了十二平均律从 C_4 到 C_5 的频率数值（保留两位小数）。

[①] "♯"为升号，表示升半个音。"C、D、E、F、G、A、B"分别对应简谱中的"1(do)、2(re)、3(me)、4(fa)、5(sol)、6(la)、7(si)"。

表 2-1　C_4—C_5 的频率数值

C_4	$C_4^\sharp$	D_4	$D_4^\sharp$	E_4	F_4	$F_4^\sharp$
261.63 Hz	277.18 Hz	293.66 Hz	311.13 Hz	329.63 Hz	349.23 Hz	369.99 Hz
G_4	$G_4^\sharp$	A_4	$A_4^\sharp$	B_4	C_5	
392.00 Hz	415.30 Hz	440.00 Hz	466.16 Hz	493.88 Hz	523.25 Hz	

问题 1：这些数值之间存在什么关系？说说你的发现过程。

提示：可运用加减乘除等运算对表 2-1 中的数据探寻规律。

> 通过计算，可以发现音高相差八度的 C_4 和 C_5，后者的频率是前者的 2 倍。此外，表格中后一项频率数值除以前一项频率数值的结果始终约等于 1.059。

问题 2：能否借助计算机软件，用更为直观的方式佐证你的猜想？

我们可以借助 Excel 软件或 GeoGebra 软件绘制出上述代表各单音频率的点的坐标：$(0, 261.63)$，$(1, 277.18)$，$(2, 293.66)$，…，$(12, 523.25)$，共计 13 个，如图 2-3 所示。

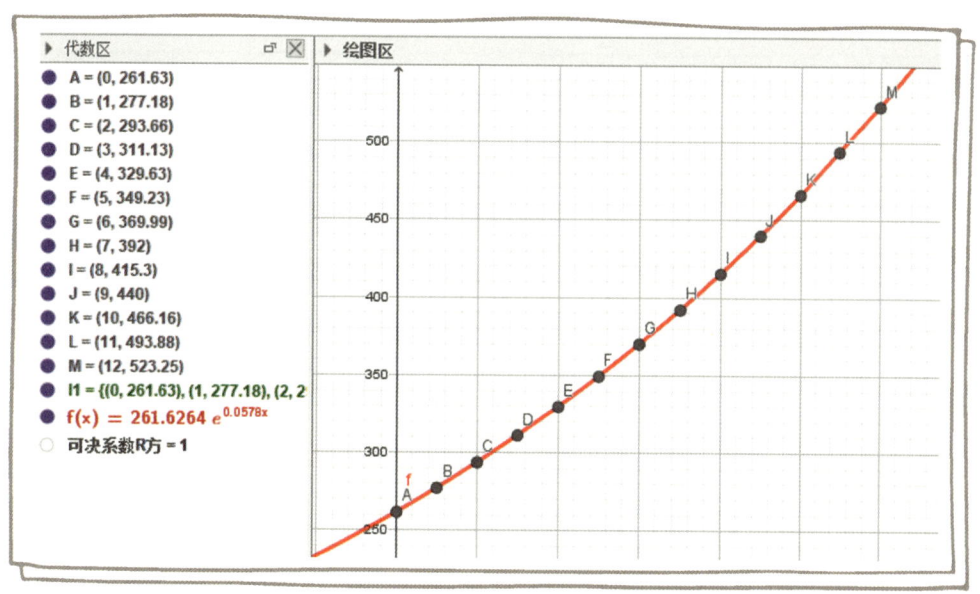

图 2-3

利用函数拟合功能求得最佳拟合曲线,得到函数解析式 $y = 261.63 \times 1.059^x$。也就意味着从基音 C_4 开始,每个单音频率乘 1.059 便可得到下一个单音的近似频率。

其实这个神秘的 1.059 的"真实身份"就是 $\sqrt[12]{2}$。由于相差八度的两个音的频率比是 1∶2,要将八度音等分为 12 份,需将 2 开 12 次方。

朱元璋的第九世孙朱载堉(1536—1611),一位"不爱江山爱音乐"的律学家、音乐家,放弃王位、研究音乐,他手拨横跨 81 档的特大算盘,计算出了 $\sqrt[12]{2}$ 的近似值(精确到了小数点后第 24 位)。他在《律吕精义》中提出了"新法密率",公布了 12 个单音的频率数据,它们形成了一个等比数列①。

你想知道朱载堉是怎么计算的吗?这里简要介绍一下他的思路。他先将 2 开平方,得到蕤宾(F#),约为 1.414 213 562 373 095 048 801 689;再将蕤宾继续开平方,得到南吕(D#),约为 1.189 207 115 002 721 066 717 500;最后将南吕开立方,则得到半音应钟(C#),约为 1.059 463 094 359 295 264 561 825,这就是 $\sqrt[12]{2}$。

三 实践出真知:数学试题中的古代音律

根据上述介绍,想必大家便可以轻松地解决下面这道数学试题。

例 1 曾侯乙编钟现存于湖北省博物馆,是世界上目前已知的最大、最重、音乐性能最完好的青铜礼乐器,全套编钟可以演奏任何调性的音乐并做旋宫转调。其初始四音为宫、徵(zhǐ)、商、羽。我国古代定音采用律管进行"三分损益法"。将一支律管所发的音定为一个基音,然后将律管长度减短三分之一("损一")或增长三分之一("益一"),即可得到其他的音。若以宫音为基音,宫音"损一"可得徵音,徵音"益一"可得商音,商音"损一"可得羽音,则羽音律管长度与宫音律管长度之比是_____。

---

① 等比数列:一般地,如果一个数列从第 2 项起,每一项与它的前一项的比值等于同一个不为 0 的常数,那么这个数列叫作等比数列。这个常数叫作公比。

[分析] 在本题中,我们可设宫音为基音的律管长度为 x,则徵音的律管长度为 $\left(1-\frac{1}{3}\right)x$,商音的律管长度为 $\left(1-\frac{1}{3}\right)\left(1+\frac{1}{3}\right)x$,羽音的律管长度为 $\left(1-\frac{1}{3}\right)\left(1+\frac{1}{3}\right)\left(1-\frac{1}{3}\right)x$,所以羽音的律管长度与宫音的律管长度之比为 $\dfrac{\left(1-\frac{1}{3}\right)\left(1+\frac{1}{3}\right)\left(1-\frac{1}{3}\right)x}{x}=\dfrac{16}{27}$。由此可以看出,只要我们明晰了音律的生音规则,就可以很容易得出对应的比值。其实,宫、商、角、徵、羽分别近似对应现在简谱中的 1(do)、2(re)、3(mi)、5(sol)、6(la)。

四 应用与拓展:感悟数学与音乐的交汇融合

你知道吗?吸管竟然也能奏乐!请参照书后面的附录,尝试制作一个简易的吸管乐器,并吹奏《玛丽有只小羊羔》《小星星》等乐曲。

当然,数学和音乐的联系并不仅限于音律,它们之间还存在着更多的交汇足迹值得去探索。比如我们所熟悉的音符,其**时值**(也称音符值或音值,在乐谱中用来表达各音符的相对持续时间)跟分数也有着千丝万缕的关系,即在四分音符为一拍的基础上,全音符的时值是四拍,二分音符的时值是二拍,八分音符的时值是二分之一拍,十六分音符的时值是四分之一拍。根据这些不同音符从开始到结束所用时间的长短,构成了等价转换的音符方程(图 2-4)。

图 2-4

如果我们将一个全音符的时值记为 1,则一个二分音符的时值可表示为 $\dfrac{1}{2}$,一个四分音符的时值可表示为 $\dfrac{1}{4}$,依次类推。在此基础上,我们就可以通过如图 2-5 所

---

① 单个八分音符和十六分音符的符号分别是 ♪ 和 ♬,图中所示的是音符组合的表示方式。

示音符的分解过程,实现分数的基本运算。

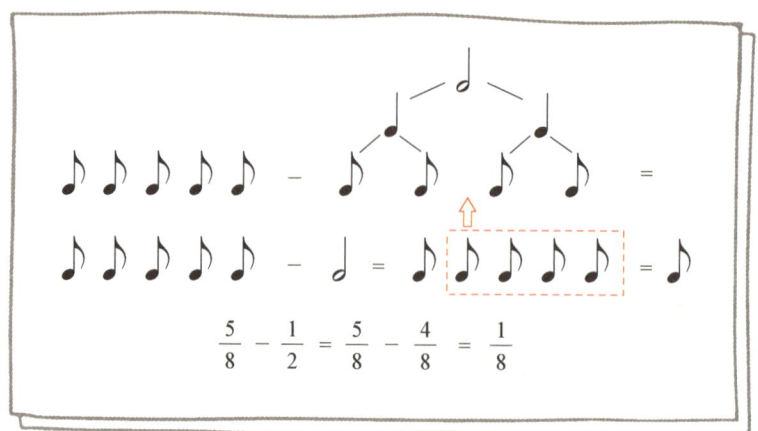

图 2-5

你还想知道更多关于数学与音乐的联系吗？不妨利用网络、图书等资料,探索更多数学与音乐的跨学科知识。

3 千般百变剪出来：中国剪纸

仅靠一张纸、一把剪刀,你认为能剪出多少种不同的图案？几十种还是几百种？千百年来人们仅靠这两样东西就制作出了成千上万种不同的剪纸作品,其中积淀着我们中华民族的数学传统文化。让我们一起走进我国的国粹——剪纸。

一 追根与溯源：历史上的剪纸

2009年9月30日,联合国教科文组织将"中国剪纸"（Chinese paper-cutting,后简称剪纸）列入《人类非物质文化遗产代表作名录》。剪纸,顾名思义就是用剪刀将纸张剪成各式各样的图案,虽然中国在汉朝才发明了可用于书写和绘画的纸,但其实在纸张这一具体的载体出现之前,剪纸早已以其他形式存在了。

据史料记载,从商代开始,就有以树叶、绢帛、皮革等材料为载体进行剪刻纹样、镂空刻花的活动,进而制作装饰品。民谣"汉妃抱娃窗前耍,巧剪桐叶照窗纱"便说明了汉代用梧桐树叶等薄片材料剪成图案已经十分常见,这些装饰品从剪刻技术和艺术风格来看,可以说是剪纸的前身。图3-1和图3-2展示的是叶雕艺术家于昕用梧桐树叶制作的作品。

图3-1

图3-2

到了现代,剪纸走进了千家万户,很多有历史意义的场合都有剪纸的身影。1958年,中国第一部彩色剪纸片《猪八戒吃瓜》上映(图3-3)。1959年,我国发行《剪纸》特种邮票(图3-4)。2008年北京奥运会、2022年北京冬奥会结束后,民间也创作了许多精美的剪纸作品进行纪念。

图3-3

图3-4

剪刀与纸的相遇,构成了一个无限创造的世界,其题材和内容通常来源于人们丰富的日常生活。根据不同的使用场景,剪纸的种类包括窗花、喜花、礼花、鞋花、门笺等,具体用途包括张贴、摆衬、刺绣、印染、祭祀等。

剪纸不仅与我们的生活息息相关,而且与我们学习的数学有紧密的联系。比如剪纸与图形的旋转与翻转高度关联。再比如,在剪裁的过程中常常会多次运用对称的小技巧,使得一张薄纸传递出的图案既栩栩如生又具有规律性的美感,这就和数学上平面图形的对称性的知识点相呼应了。接下来,就让我们进一步看看剪纸中的数学。

二 数学与文化:剪纸中的数学

对称现象在大自然中广泛存在,而人们将其融入了日常生活中。大到富丽堂皇的房屋建筑,小到随处可见的创意标识,几乎处处可见对称元素在外观构造上的应用(图3-5)。这种图形中"相同部分有规律地重复"的对称性,寄托了人们对和谐、稳定的审美追求。

图 3-5

那么，剪纸是如何构造出这种对称美的呢？举个简单的例子，如果将一张纸进行上下对折和左右对折，并在四分之一的部分精雕细刻，就能完成一幅完整图案的创作。类似地，若是在剪纸时利用多条倾斜和交错的对称轴，不就能够为图形的构造带来无限的可能性吗？

在数学上，正三角形、正方形、正五边形这些我们常接触的轴对称图形，具有完美的对称美。它们"平衡而不失韵味，灵动而不失稳重"，得到了传统民间剪纸的广泛青睐，让对称剪纸成为剪纸艺术中一种广泛流传的形式。巧合的是，在研究中国古代对称剪纸的时候，正多边形的对称性起到了关键作用。

1 到底几边形？数学来帮忙

目前已发现的中国古代早期剪纸实物集中在西部干旱地区，其中新疆吐鲁番阿斯塔那古墓群出土的剪纸残件(图 3-6)曾引起学者的讨论：该剪纸到底是正六边形还是正八边形，应该怎么判断？剪纸的形状是"对鹿"还是"对马"？当时这是十分有争议的两个问题。

针对第一个问题，我们可以通过测量正多边形内角度数的方法，确定剪纸残片究竟是什么形状(图 3-7)：根据该对称剪纸残件的内角为 135°，而不是 120°，即可确定原剪纸作品为正八边形的形状。这体现了剪纸和正多边形通过对称构建的紧密联系。

图 3-6

通过内角判断剪纸残片的完整形状（张冬萍绘制）

图 3-7

至于这张残片究竟是"对鹿"还是"对马",剪纸残片中动物头上残存的形状究竟是角还是花纹,这就没有确切答案了。有学者认为,动物头上的形状,基本可以确定其边缘明显的圆弧形是团花剪纸中常用的云勾纹。这张特殊的剪纸残件,给我们提供了用数学的眼光去观察和认识世界的一个范例。

2 剪纸与函数：蝴蝶、爱心剪纸对应的函数图像

蝴蝶在剪纸中寓意吉祥如意、福气临门,凭借其造型优美等特点,深受手工艺人的青睐。同时,蝴蝶剪纸在设计和造型上具有对称美,宛若活物翩翩起舞,引人入胜(图3-8)。在数学上,也有函数的图像宛若蝴蝶一样,栩栩如生。如图3-9所示,其极坐标表达式为 $\rho = e^{\cos\theta} - 2\cos 4\theta + \sin\left(\dfrac{\theta}{12}\right)^5$。

图 3-8

图 3-9

而心形剪纸往往与爱情息息相关,大多寓意形影不离、生死相随。从爱心形状的构造特征来看,它是典型的轴对称结构。在数学上,也有一种和爱心形状类似、具有对称美的平面代数曲线,如图 3-10 所示,其参数方程为 $\begin{cases} x = a(2\cos t - \cos 2t), \\ y = a(2\sin t - \sin 2t)。 \end{cases}$

我们现在多了一种从函数角度来解释对称美的方法了,而且图 3-9 和图 3-10 对应的函数表示法为什么可以表示函数也有很多值得探究的地方,感兴趣的同学可以自行了解。

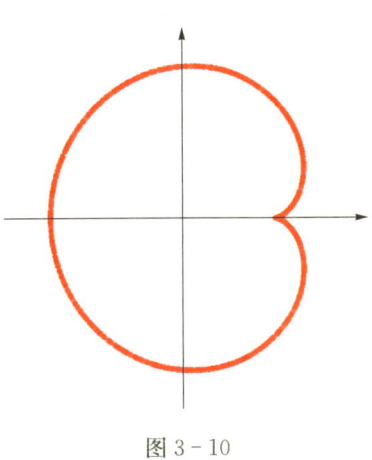

图 3-10

三 实践出真知:教材与中考题中的剪纸

1 教材中的剪纸

近年来,关于剪纸与数学结合的趣味研究如雨后春笋般涌现,涵盖小学、初中,甚至是高中。事实上,在进行剪纸趣味研究的活动过程中,既可以欣赏中华优秀传统文化,也可以进一步了解生活图案中的基本图形及其变化规律,增强空间观念。从各版教材上来看,现阶段不少初中数学教材中就不同程度地在正文、阅读材料或习题部分,将剪纸与图形的运动相结合,考查剪纸中的趣味数学知识(图 3-11、3-12)。

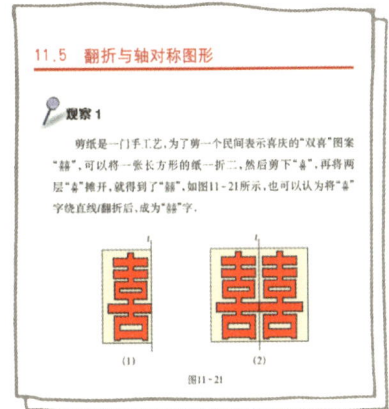

图 3-11

图 3-12

2 中考题中的剪纸

2015年,《北京青年报》报道,剪纸等传统文化元素首现北京市中考数学试卷,在选择题第4小题考查剪纸作品中哪个是轴对称图形。此后,以剪纸为题材考查图形对称性的中考题不断涌现,例如下面这道2022年山东临沂中考数学卷的第2题。

> **例1(2022·山东临沂)** 剪纸艺术是最古老的中国民间艺术之一,先后入选中国国家级非物质文化遗产名录和人类非物质文化遗产代表作名录。鱼与"余"同音,寓意是生活富裕、年年有余,是剪纸艺术中很受喜爱的主题。以下关于鱼的剪纸中,既是轴对称图形又是中心对称图形的是(　　)。
>
> A　　B　　C　　D

[分析] 不难发现,在这道试题中A、D为轴对称图形,B、C、D为中心对称图形。因此既是轴对称图形又是中心对称图形的剪纸为D。

在中考数学中融入像"剪纸"一样具有代表性的中国传统数学文化,不仅考查同学们对数学知识的掌握程度,更是意在加强同学们对数学文化的积累。

图形的对称在剪纸艺术构造中应用十分广泛。纵观历年中考数学试题中的剪纸作品,几乎处处都可以发现旋转对称、轴对称和中心对称这几种对称构造的影子,体现着剪纸的艺术美和数学的对称美。

四 应用与拓展:趣味剪纸的数学小游戏

介绍了这么多,同学们是不是迫不及待地想要动手操作一下?这里有几个剪纸小游戏,大家可以在游戏中品味剪纸的数学趣味。

游戏1 巧用对称,双喜临门

如图3-13所示,通过对折的方式,我们不难剪出一个带有艺术气息的"喜"字(左右对折以后,沿着黑笔描出的部分剪开)。

图 3 - 13

那么,图 3 - 14 的双喜临门的"囍"字又该如何剪出来呢? 能否利用对称性,使得需要剪下的区域尽可能少呢?

如图 3 - 15 所示,利用"囍"字的对称性,将正方形纸多次折叠以后,剪掉标红的两个区域就行了。具体折法这里不作详细介绍了,同学们可以上网查阅相关的资料。

图 3 - 14

图 3 - 15

游戏 2　双环结构,"化圆为方"

选取两张相同的长方形纸条,分别将上下短边粘在一起形成一个圆环,再把两个圆环粘成如图 3 - 16 所示的组合图形。要想把它变成一个正方形,需要剪几刀呢?

步骤 1:将其中一个圆环压扁成一个长方形,然后沿长方形的中线剪下第一刀(图 3 - 17)。

　　图 3-16

　　图 3-17

步骤2：如图3-18所示，沿另一个方向的中线剪下第二刀。

步骤3：将剪好的图形展开，就得到一个正方形啦(图3-19)！

　　图 3-18

　　图 3-19

做完这一简单的剪纸小游戏后，我们进一步思考以下问题。

思考1：为什么剪两刀以后，剩下的图案展开就是正方形呢？

思考2：要使得展开得到的正方形空洞的面积尽可能大，你认为可以做哪些改进呢？给出你的理由。

游戏3　剪洞过人，小中见大

你能用A4纸剪出一个洞，然后从里面钻过去吗？不相信能做到？不妨照着下面的步骤试试看！

步骤1：将A4纸沿短边对折。

步骤2：如图3-20所示，先将对折后的A4纸沿虚线的位置交错剪开，再将下方折痕的中间一段剪开，首尾除外。

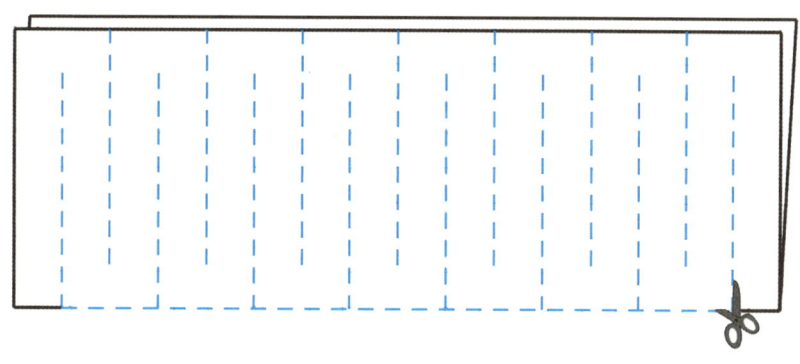

图 3-20

步骤 3：将剪好的纸条展开，一个人能钻过的洞就出现啦！

同样地，做完这一简单的剪纸小游戏后，我们也来进行一些思考。

思考 1：如果要使最后的纸条拉开以后形成的洞尽可能大，可以做哪些改进？

思考 2：除了上述方法以外，你是否还有不同的裁剪方法？

经过上述几个小游戏，相信你对剪纸有了更深的感悟。同学们不妨用剪纸来无拘无束地表达自己的想法吧！

4 古人计时的奥秘：漏壶

如果问你现在几点了，你的第一反应可能是看看墙上的挂钟，或者看手表，或者看手机……那么在遥远的中国古代，古人是如何知道时间的呢？在很长一段时间里，古人都是采用"漏壶"来计时的。这和数学有着密切的联系，具体来说，它利用的是壶内水的减少量与时间之间存在一定的函数关系。

一 追根与溯源：漏壶的计时原理

早期的漏壶形式较为简单，是一个上面带有提梁，底部开一个小口的盛水容器（图4-1）。漏壶的侧边壁上，刻有一些表示时刻的标记。使用时，先在壶中装满水，然后让水漏出，随着壶中水量的减少，水面高度到达某一标记，即可读取相应的时刻。当壶中的水漏完后，可以再在壶中装水，重复使用。

图4-1

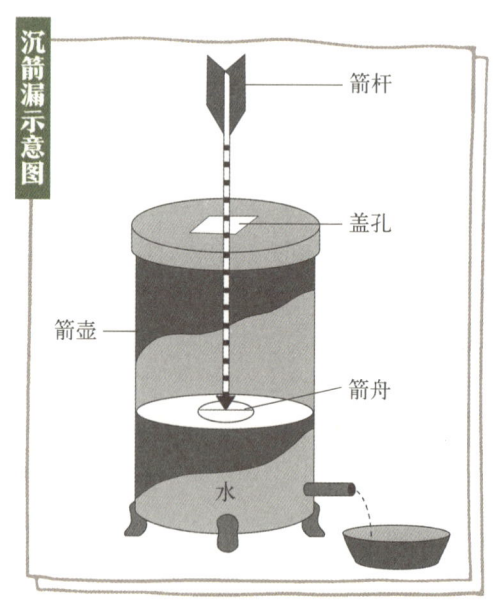

图4-2

这种方法虽然可以粗略地读出时间，但读取的过程并不方便，人们对此进行了改进，得到了"沉箭法"（图4-2）。把一个木制的托片（箭舟）放到壶内的水面上，将一根刻有时刻标记的木条或竹竿（箭杆）从壶盖上的孔插入，再插在箭舟上，这样随着水的流出，箭杆随着箭舟下沉。通过在壶盖（或提梁）的上边观察箭杆上的标记，便可轻易地读出时刻。

"箭"上的时间标记往往以时辰和刻为单位，一般是刻十二时辰，每时辰八刻。我们常说的"时刻""一刻钟"就来源于漏壶的刻度。漏壶的大小不同，所计时长也不同。古时最常用的漏壶就是"一刻之漏"，即每漏完一壶水的时间为一刻。图 4-1 是西汉满城铜漏，高 22.4 cm，所计时长约为两刻钟到一个时辰。这种由一个壶构成、箭杆随水的漏出逐步下沉的漏壶，被称为**单壶泄水型沉箭漏**。

然而，这种漏壶在使用时会遇到的一个问题是，随着壶内水量变小，水流速度会逐渐变慢，因此显示出的时刻是不均匀的。具体来说，壶内水的流速与水的压强有关，当壶内水量大时，水的压强大，流速快；而当壶内水量变小时，水的压强减小，流速变慢。

为此，东汉时，张衡（78—139）将单壶发展为双壶，将沉箭发展为浮箭。这种漏壶由两只壶组成，一只是泄水壶，另一只是受水壶。水由泄水壶流入受水壶，受水壶内的水位逐步上升，箭杆随之上浮，所以这种漏壶又称作**浮箭漏**（图 4-3）。这种方法使得受水壶内的水能得到及时补充，尽量保持了水滴入受水壶的速度均匀，从而达到提高计时精度的效果。

经过不断改良，晋代出现了三级漏壶，唐代又出现了四级漏壶。这些多级漏壶是将两个以上的漏壶自上而下放置，使最上面一个壶中的水流入第二壶，再由第二壶流入第三壶，依此类推，最后流入受水壶。这是通过增加壶的数量，来更大程度地保证水流入最后一级壶（最下端的壶）的速度是均匀的，从而提高计时的精度。图 4-4 所示是一种四级漏壶（现藏于中国国家博物馆）。

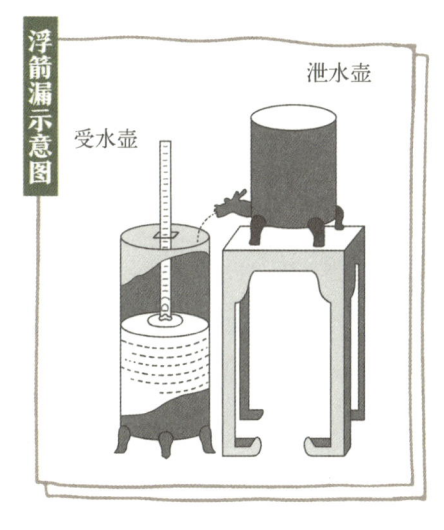

图 4-3

图 4-4

在宋代，漏壶的发展达到了一个高峰。首先是出现了分水壶——把漏壶里多余的水分流出去，来保持水位稳定。比较著名的是燕肃(961—1040)发明的莲花漏(图4-5)，这种漏壶因壶和箭刻像莲花形状而得名。

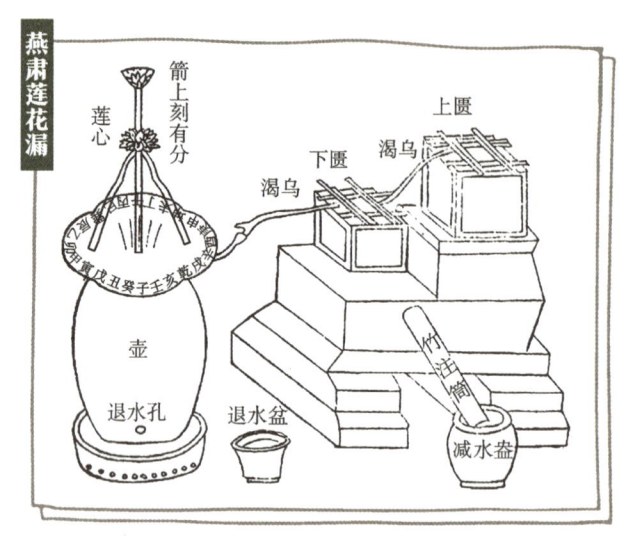

图4-5

宋代著名学者沈括(1031—1095)在漏壶的研究上也卓有成效。他担任司天监提举(相当于现在的国家天文台台长)时，花了十多年时间研究漏壶。他改良的漏壶，能使一定时间内流入受水壶中的水量基本保持一定，进一步提高了计时的精度。沈括通过多年时间将这一成果撰写成一部学术专著《熙宁晷漏》，可惜该书现已失传。

二 数学与文化：漏壶背后的数学原理

为什么观察水位的变化就可以知道时间的变化呢？或许，水位和时间的变化存在某种必然的联系。要想知道这种联系，我们可以建立二者之间的对应关系，把一个事物(时间)如何变化的问题转化成另一事物(水的刻度)如何变化的问题，这正是函数思想的体现。因此"漏壶"往往出现在函数章节的学习中。

以泄水型沉箭漏为例，随着时间的累积，水位会逐渐降低(漏壶中水位的变化是通过箭杆表现出来的)。假设漏水量是均匀的，随着水位的均匀降低，箭杆也会均匀下沉。也就是说，箭杆下降的高度 h 与所经历的时间 t 成正比 $h=kt$ (k 为比例常数)。可见，该容器泄水的流量是时间的一次函数。正因为漏壶中存在这一函数关系，它才能够用来计时。可见，中国古代已经在生产实践中主动运用函数思想解决问题。

下面，我们看看数学教材和中考题中关于"漏壶"的内容。

三 实践出真知：教材与中考题中的"漏壶"

1 教材中的"漏壶"

2013年版人教版数学教材八年级下册第十九章《一次函数》中有这样一道题：

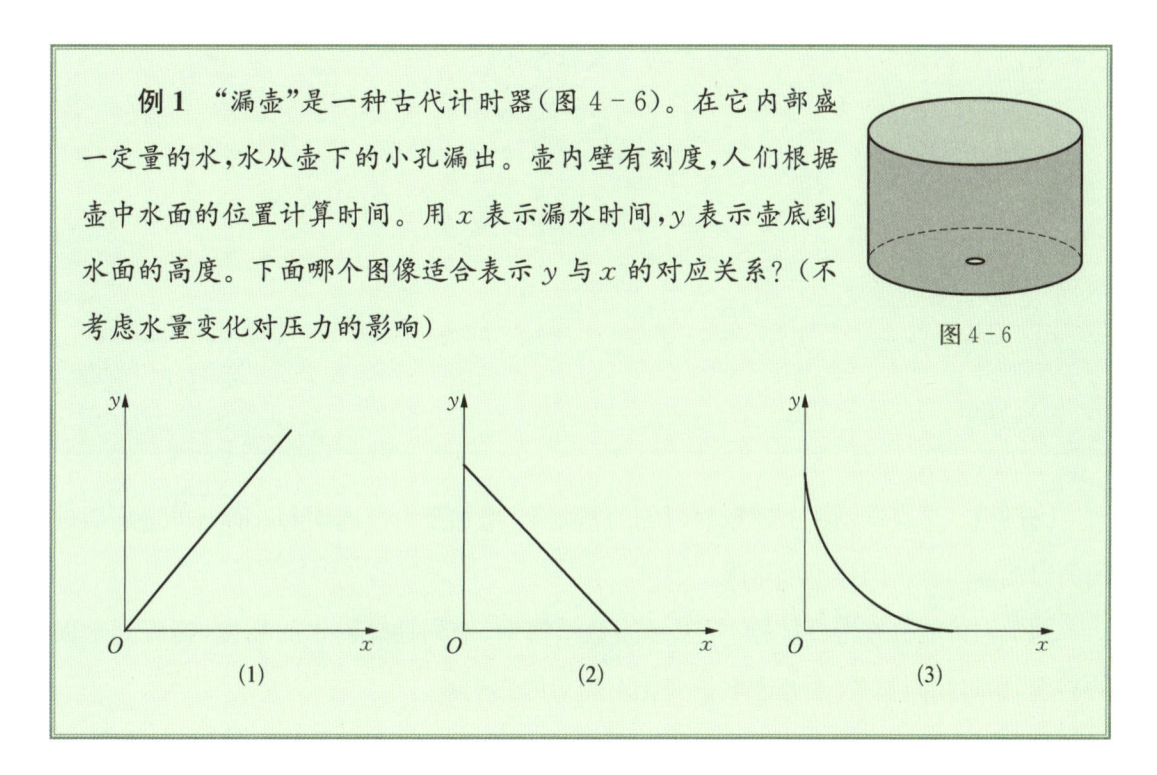

例1 "漏壶"是一种古代计时器（图4-6）。在它内部盛一定量的水，水从壶下的小孔漏出。壶内壁有刻度，人们根据壶中水面的位置计算时间。用 x 表示漏水时间，y 表示壶底到水面的高度。下面哪个图像适合表示 y 与 x 的对应关系？（不考虑水量变化对压力的影响）

图4-6

[分析] 由所给材料和关于漏壶的一些常识，我们可以很快得出结论。随着漏水的时间越来越长，壶中的水只会越来越少，即壶底到水面的高度 y 会随着 x 的增加而减小，所以可排除选项(1)。"漏壶"作为一种计时工具，当不考虑水量变化对压力的影响时，在均等的时间里，壶内流出的水量应是均等的，壶底到水面的高度减少的量也应是均等的，即可以排除选项(3)。因此正确的选项是(2)。

2 中考题中的"漏壶"

"漏壶"作为数学与传统文化相结合的重要素材，不仅被编入了教材，还成为中考题的"常客"。下面我们以两道试题为例，看看中考是如何呈现"漏壶"内容的，又是如何运用"漏壶"的数学原理进行考查的。

(1) 中考选择题中的"漏壶"

下面是根据教材中的习题改编而成的一道选择题。

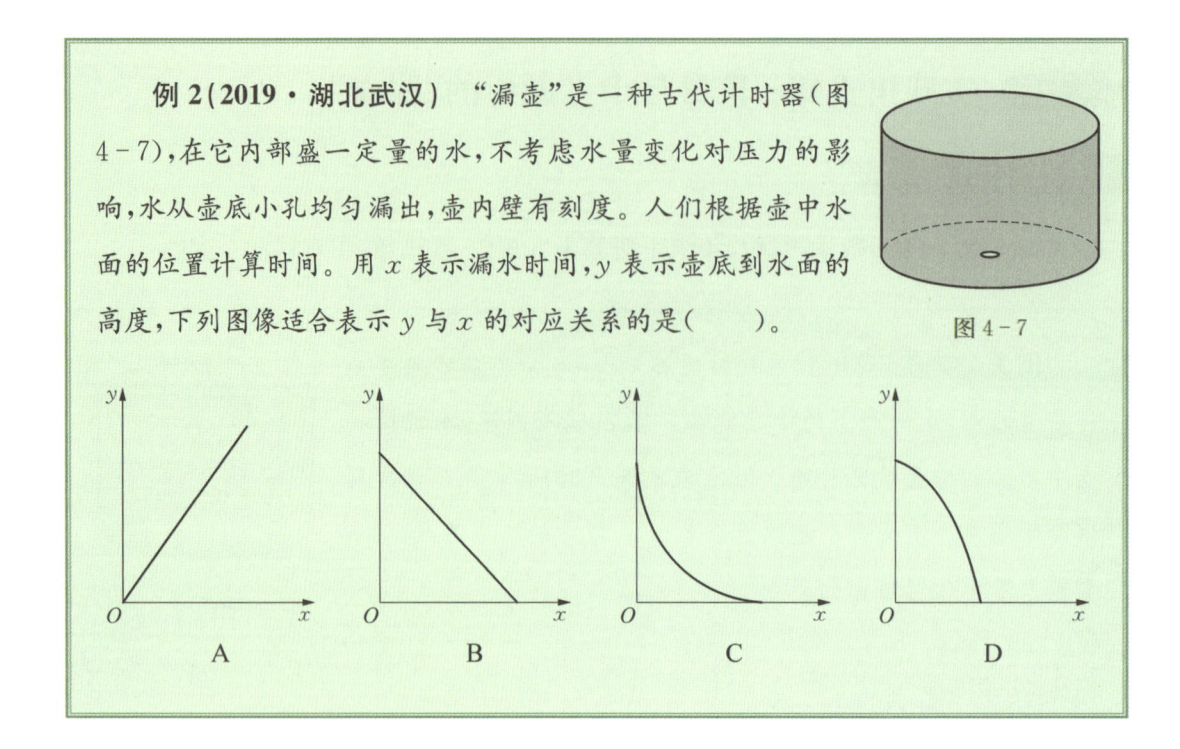

例2(2019·湖北武汉) "漏壶"是一种古代计时器(图4-7),在它内部盛一定量的水,不考虑水量变化对压力的影响,水从壶底小孔均匀漏出,壶内壁有刻度。人们根据壶中水面的位置计算时间。用 x 表示漏水时间,y 表示壶底到水面的高度,下列图像适合表示 y 与 x 的对应关系的是( )。

图4-7

A   B   C   D

[分析] 这道试题在上述教材习题的基础上,增加了一个选项D。而这一选项通过前面对漏壶的分析同样不难排除。

同学们可能会好奇,可以建立怎样的数学模型,来刻画壶内水的高度(壶底到水面的高度)和时间的关系(不考虑水量变化对压力的影响)?

设漏壶中水面的实时高度为 h_1,初始水面的高度为 h_2,底面圆的半径为 r,根据圆柱的容积公式可得,该漏壶的水量为 $\pi r^2 h_2$。设单位时间内漏出的水量为 a,当时间为 t 时,漏出的水量为 at,则壶内剩余的水量为 $\pi r^2 h_2 - at$。因此可得 $\pi r^2 h_2 - at = \pi r^2 h_1$。整理得 h_1 和 t 之间的关系式为

$$h_1 = h_2 - \frac{a}{\pi r^2} \cdot t \qquad ①$$

可见,h_1 是 t 的一次函数,且当 $t=0$ 时,$h_1 = h_2$;当 $t = \frac{\pi r^2 h_2}{a}$ 时,$h_1 = 0$。根据函数表达式①,我们能够更直接地看出壶内水的高度和时间的关系,也能得出前面题目中的答案。

(2) 中考解答题中的"漏壶"

在2023年浙江台州中考数学卷中,"漏壶"被设计为一道综合型的解答题,也是全卷最后一题。

例3(2023·浙江台州)　【问题背景】"刻漏"(图4-8)是我国古代的一种利用水流计时的工具。综合实践小组准备用甲、乙两个透明的竖直放置的容器和一根带节流阀(控制水的流速大小)的软管制作简易计时装置。

【实验操作】综合实践小组设计了如下的实验：先在甲容器里加满水，此时水面高度为30 cm，开始放水后每隔10 min观察一次甲容器中的水面高度，获得如表4-1所示的数据。

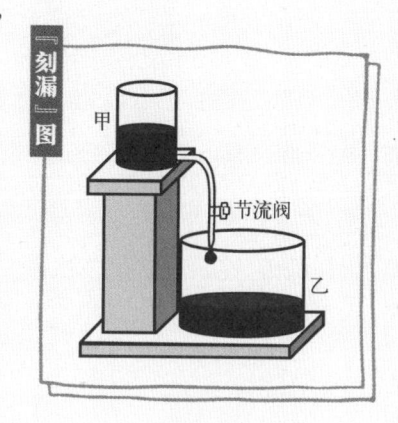

图4-8

表4-1　观察表

流水时间 t/min	0	10	20	30	40
水面高度 h/cm(观察值)	30	29	28.1	27	25.8

任务1：分别计算表中每隔10 min水面高度观察值的变化量。

【建立模型】小组讨论发现："$t=0$，$h=30$"是初始状态下的准确数据，水面高度值的变化不均匀，但可以用一次函数近似地刻画水面高度h与流水时间t的关系。

任务2：利用$t=0$时，$h=30$；$t=10$时，$h=29$这两组数据求水面高度h与流水时间t的函数解析式。

【反思优化】经检验，发现有两组表中观察值不满足任务2中求出的函数解析式，存在偏差，小组决定优化函数解析式，减少偏差。通过查阅资料后知道：t为表中数据时，根据解析式求出所对应的函数值，计算这些函数值与对应h的观察值之差的平方和，记为w；w越小，偏差越小。

任务3：(1) 计算任务2得到的函数解析式的w值。

(2) 请确定经过$(0,30)$的一次函数解析式，使得w的值最小。

【设计刻度】得到优化的函数解析式后，综合实践小组决定在甲容器外壁设计刻度，通过刻度直接读取时间。

任务4：请你简要写出时间刻度的设计方案。

[分析] 任务1较为基础,分别计算各个相邻间隔的水面高度观察值即可。变化量分别为 $29-30=-1(\text{cm})$;$28.1-29=-0.9(\text{cm})$;$27-28.1=-1.1(\text{cm})$;$25.8-27=-1.2(\text{cm})$。当然,也可以用正值表示,即从 0 min 至 40 min,每隔 10 min 水面高度降低:$30-29=1(\text{cm})$;$29-28.1=0.9(\text{cm})$;$28.1-27=1.1(\text{cm})$;$27-25.8=1.2(\text{cm})$。

任务2和前述教材习题及武汉卷中考题类似。经由之前的探讨,可知水面高度 h 与流水时间 t 的关系近似呈一次函数,则可设 $h=kt+b$。将 $t=0,h=30$;$t=10,h=29$ 这两组数值代入,可得 $k=-0.1,b=30$。所以,水面高度 h 与流水时间 t 的函数解析式为

$$h=-0.1t+30 \qquad\qquad ②$$

任务3,根据"反思优化"部分的设定,w 为流水时间 t 对应函数值与对应的观察值 h 之差的平方和。因此,为解决任务3(1),首先要计算出各流水时间对应的函数值,即将 $t=0,t=10,t=20,t=30,t=40$ 分别代入函数解析式②,依次得到 $h=30,h=29,h=28,h=27,h=26$。根据 w 的含义,可以得到

$$w=(30-30)^2+(29-29)^2+(28-28.1)^2+(27-27)^2+(26-25.8)^2=0.05$$

解决任务3(2),可设经过 $(0,30)$ 的一次函数解析式为 $h=kt+30$,则

$$w=(30-30)^2+(10k+30-29)^2+(20k+30-28.1)^2+\\(30k+30-27)^2+(40k+30-25.8)^2$$

化简得 $w=3\,000k^2+612k+31.25$。这是一个二次函数,当 $k=-\dfrac{612}{2\times 3\,000}=-0.102$ 时,w 最小。所以,优化后的函数解析式为 $h=-0.102t+30$。

任务4较为灵活,我们一般从函数的原点、正方向和单位长度作出设计,如时间刻度的 0 刻度在水位最高处、刻度从上往下均匀变大、每 0.102 cm 表示 1 min(或每 1 cm 表示约 9.8 min)等。当然,根据标记时间刻度的实际情况,我们也可以标出较有代表性的节点,如最大量程约为 294 min 等。

这道题体现了近些年数学考试的一个趋势——注重数学模型的建立。而漏壶这类来源于生活的工具很容易成为出题背景。我们可以进一步思考,壶底小孔漏出的水真的是均匀的吗?当考虑壶内水量的变化对水流速度产生的影响时,"漏壶"中漏水时间和壶内水量到底有什么关系?能建立相关的模型解决该问题吗?这需要用到物理中流体力学的相关知识,比如水的流速受哪些因素影响。同学们可以试着查阅相关资料解决

该问题。

四 应用与拓展：古今其他计时工具

自古以来，对时间的探索是人类的重要活动，在这个过程中产生了形形色色的计时工具。这里我们简单介绍几种历史上有代表性的计时工具。

中国古代最早主要用圭表（图4-9）和日晷（图4-10）来计量时间。公元前1 000多年的殷商时期的甲骨文，就已有使用圭表的记载。圭表由"表"和"圭"两个部件组成，圭是平卧的尺，表是直立的标杆。而日晷则起源于圭表，这两者都以太阳为观测对象，通过观察日影长短来确定时间，这也是成语"立竿见影"的由来。

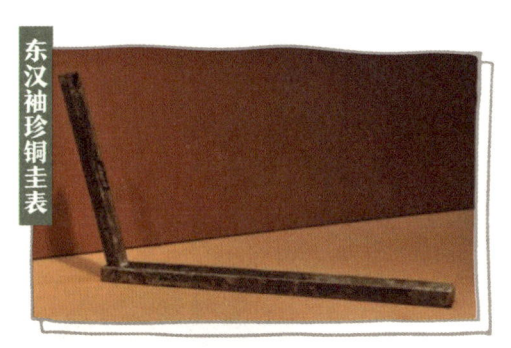

东汉袖珍铜圭表

日晷

图4-9　　　　　　　　　　图4-10

约12世纪，沙漏（也叫沙钟）被西方人发明。沙漏传入中国后，曾在航海上用作计时器（图4-11）。沙漏和漏刻类似，但用流沙代替了水。相比漏壶中的水，沙子冬天不会结冰，也不会像水一样会蒸发。同时，沙漏的计量精度也比日晷、圭表更高，因此沙漏在一定程度上弥补了日晷、圭表和漏壶的不足。

沙漏

图4-11

13世纪,在欧洲的修道院里出现了机械钟,并在明朝万历年间(1573—1620)传入我国。机械钟是通过钟声来报时的第一种计时器。它有着钟面和指针,能通过钟声来报时。这类机械钟的结构复杂、体积庞大,当时还不能进入家庭。1355年,公共时钟出现,机械钟第一次进入人们的日常生活。19世纪英国伦敦的大本钟(图4-12)就属于机械钟。

英国伦敦大本钟

图4-12

17世纪,荷兰天文学家、数学家惠更斯(Christian Huygens,1629—1695)发明了惠更斯钟摆(图4-13)。伽利略(Galileo,1564—1642)发现了摆的等时性原理:当摆角小于5°时,无论摆动幅度大些还是小些,完成一次摆动的时间都是相同的。惠更斯钟摆正是以"摆"的等时性原理为基础,将"摆"作为钟表调速器所发明的。此后,人类掌握了比较精准的测量时间的方法。

惠更斯钟摆

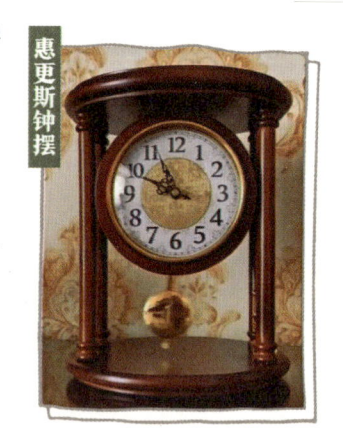

图4-13

20世纪,瑞士人发明了石英表(图4-14)。它是利用周期性持续"发振"的水晶来准确计时的,一天之内的误差不会超过1 s。石英表具有轻薄、精准、使用方便等特点,因此受到越来越多的人青睐,从而得到普及。

石英表

图4-14

21世纪,随着社会的信息化和数字化的推进,电波钟表、智能手机和手表等现代化计时工具开始被广泛使用。电波钟表(图4-15)是一种通过接收国家授时中心的无线信号来确保时间准确性的计时工具。我国高考考场中配备的就是这种电波钟表。智能手机和智能手表(图4-16)可以连接网络,在功能上更为齐全和多样。

电波钟表

智能手表

图4-15

图4-16

在漏壶和其他计时工具的发展历程中,我们可以感受到数学在人类生活、科学技术和社会发展中的重要作用。所有计时工具的发明都离不开数学,数学伴随着人类文明的发展而发展。

5　中国古代数学瑰宝：赵爽弦图

大家一定都听过"大禹治水"的故事吧？"大禹治水十三载，三过家门而不入。"那么他是如何成功治水的呢？东吴数学家赵爽（约182—250）在《周髀算经注》（图5-1）中提到："禹治洪水，决疏江河，望山川之形，定高下之势，除滔天之灾，使东注海，无浸溺之患，此勾股之由生也。"原来，大禹治水竟然与著名的勾股定理有关。

一直以来，勾股定理作为"千古第一定理"，在几何世界中举足轻重，不同的民族对它的证明都有着独特的探索。在我国，不得不提及的就是东吴数学家赵爽证明勾股定理的法宝——"赵爽弦图"。那么，赵爽到底是如何利用它证明勾股定理的呢？它又有着什么样的应用呢？

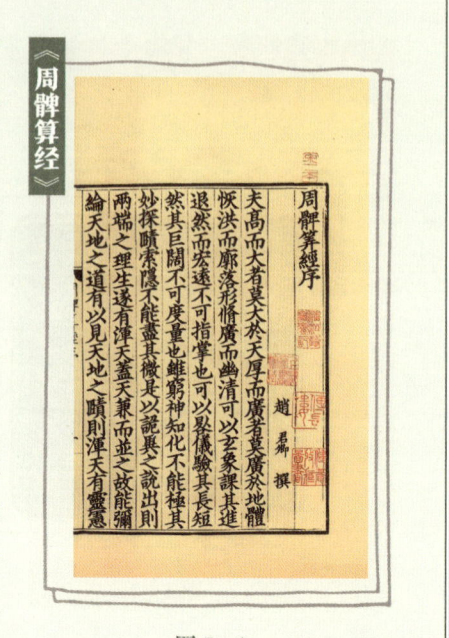

图5-1

一　追根与溯源："赵爽弦图"的由来

公元前2000年左右，黄河流域洪水为患，汹涌的洪水淹没了田地和房屋，百姓苦不堪言。当时部落的首领鲧（gǔn，大禹的父亲）治水长达九年，却成效甚微。善良的大禹不忍看到百姓饱受水害之苦，他汲取前人的经验，利用"左准绳，右规矩"进行测量，走遍了山山水水，终于治水成功！其中，大禹所用的"准绳"和"规矩"是我国最早的测量工具。西周数学家商高曾在《周髀算经》中提到，大禹是利用"勾广三，股修四，径隅五"（$3^2+4^2=5^2$）的原理来进行距离的计算的，从而划分了九州，达到了疏通河道的目的。

对于$3^2+4^2=5^2$，同学们一定不会陌生。这是勾股定理的一个特例，也是勾股定理在中国的最早记载。勾股定理是我国古代数学的重要起源，中华数学文化传统的精髓"开方术""方程术"等都与它密切相关。

我国最早对勾股定理进行证明的则是数学家赵爽。他在为《周髀算经》作注释时，撰写了《勾股圆方图说》一文，介绍了"勾股圆方图"，这就是著名的"赵爽弦图"（图5-2）。

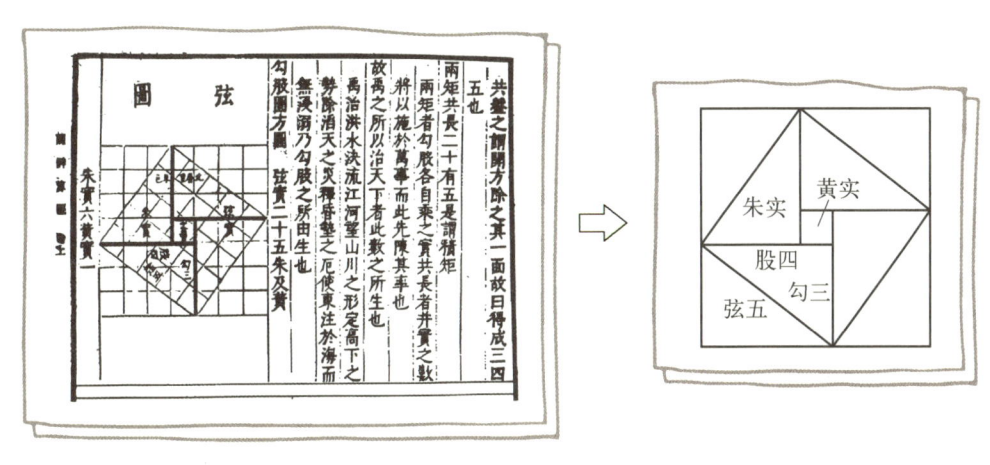

图 5-2

那么赵爽是如何证明勾股定理的呢？他在《周髀算经注》中写道："勾股各自乘，并之为弦实，开方除之，即弦。"勾、股、弦是古代中国对直角三角形三边的叫法。同学们能看懂这句古文的意思吗？

这句话的意思是指：勾×勾＋股×股＝弦×弦，弦＝$\sqrt{勾^2+股^2}$。如果用 a、b、c 分别表示勾、股、弦，那么这句话就是指 $a^2+b^2=c^2$，$c=\sqrt{a^2+b^2}$。这样来看，赵爽记载的内容就是大家熟悉的勾股定理的"原貌"。如今，在初中教材中，把勾股定理表述如下：直角三角形两直角边的平方和等于斜边的平方。

二 数学与文化：与"赵爽弦图"有关的证明方法

数学的发展有外部和内部的动因，比如中西方对实用与理论的不同偏好，在很大程度上决定了中国古代数学重应用、古希腊数学重理论的特点。因此，我们要将自己置身于文化特点的大背景下，来分析数学的历史。

在图 5-3 的基础上，你能试着像古人一样感受一下数形结合的证明过程吗？

活动1　探究赵爽弦图的证明

提示：先在白纸上画出图 5-3，再剪下试试。

如果碰到困难，可以借助以下 3 个提示进行解决。

提示1　对比赵爽弦图，利用提供的材料进行拼图实验。

提示2　每一块区域的面积分别应该怎样表示？它们之间有怎样的关系？

提示3　对赵爽弦图还有其他的解读方法吗？你可以利用网络资源进行了解和探索。

图 5-3

活动 2　探究毕达哥拉斯学派的证明

勾股定理作为世界的共同文化遗产,受到了全世界的重视。西方认为勾股定理是古希腊哲学家、数学家毕达哥拉斯发现的,故称之为"毕达哥拉斯定理"。据传,毕达哥拉斯是从铺地砖问题中发现勾股定理的(图 5-4 和图 5-5)。

图 5-4

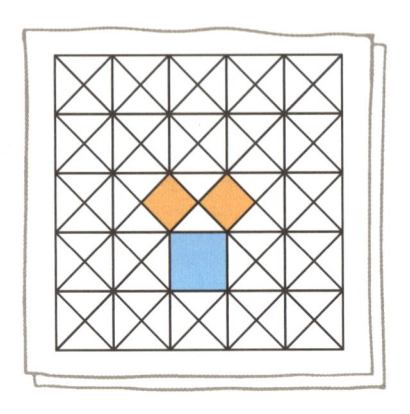

图 5-5

由于历史年代的久远,我们无法得知毕达哥拉斯的准确证明,不过后人对其做了合乎情理的推测。请你完成下列任务,试着进行证明。

(1) 请仔细观察图 5-6,完成表 5-1。

(1)　　　　(2)

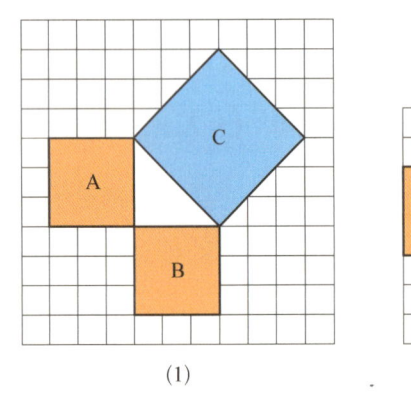

图 5-6

表 5-1　两幅图中 A、B、C 的面积

	A 的面积	B 的面积	C 的面积
图 5-6(1)			
图 5-6(2)			

(2) 观察上表,你有什么发现吗?

三 实践出真知：中考题中的"赵爽弦图"

由于"赵爽弦图"中蕴藏着丰富的中国传统数学文化，近些年来，它已成为各地中考题的热门题材。下面，我们再来看看中考题中有哪些关于"赵爽弦图"的内容。

例1（2020·浙江金华） 如图5-7所示，四个全等的直角三角形拼成赵爽弦图得到正方形$ABCD$与正方形$EFGH$，连接EG、BD相交于点O，BD与HC相交于点P。若$OG=GP$，则$\dfrac{S_{正方形ABCD}}{S_{正方形EFGH}}=$（　　）。

A. $1+\sqrt{2}$　　　　　　　　B. $2+\sqrt{2}$

C. $5-\sqrt{2}$　　　　　　　　D. $\dfrac{15}{4}$

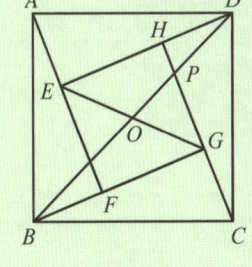

图5-7

[分析] 设$OG=1$，在等腰直角三角形FEG中，由$EG=2OG=2$，得$FG=\sqrt{2}$。在正方形$EFGH$中，$\angle EGH=45°$。因为$OG=PG$，所以$\angle OPG=67.5°$。在$\triangle BPG$中，$\angle PBG=180°-\angle PGB-\angle BPG=22.5°$。在等腰直角三角形$DBC$中，$\angle DBC=45°$，所以$\angle GBC=\angle DBC-\angle PBG=22.5°$，所以$\angle GBC=\angle PBG$。所以$\triangle BPG\cong\triangle BCG$（ASA），于是$CG=GP=OG=1$。又因为$\triangle ABF\cong\triangle BCG$，所以$BF=CG=1$，所以$BG=BF+FG=1+\sqrt{2}$。于是$BC^2=BG^2+GC^2=(1+\sqrt{2})^2+1^2=4+2\sqrt{2}$，$FG^2=(\sqrt{2})^2=2$。

因此$\dfrac{S_{正方形ABCD}}{S_{正方形EFGH}}=\dfrac{BC^2}{FG^2}=\dfrac{4+2\sqrt{2}}{2}=2+\sqrt{2}$，故选B。

例2（2021·浙江温州） 由四个全等的直角三角形和一个小正方形组成的大正方形$ABCD$，如图5-8所示。过点D作DF的垂线交小正方形对角线EF的延长线于点G，连接CG，延长BE交CG于点H。若$AE=2BE$，则$\dfrac{CG}{BH}$的值为（　　）。

A. $\dfrac{3}{2}$　　　　　　　　B. $\sqrt{2}$

C. $\dfrac{3\sqrt{10}}{7}$　　　　　　　D. $\dfrac{3\sqrt{5}}{5}$

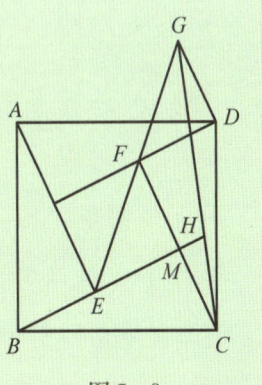

图5-8

[分析] 如图 5-9 所示,过点 G 作 $GT \perp CF$ 交 CF 的延长线于点 T,设 BH 交 CF 于点 M,AE 交 DF 的延长线于点 N,且 $BE=AN=CM=DF=a$,则 $AE=BM=CF=DN=2a$,所以 $EN=EM=MF=FN=a$。因为四边形 $ENFM$ 是正方形,所以 $\angle EFM = \angle TFG = 45°$,$\angle NFE = \angle DFG = 45°$,$TF \perp FD$。因为 $GT \perp TF$,$DF \perp DG$,所以 $FD=DG$,所以四边形 $DFTG$ 为正方形,边长为 a,进而 $CT=3a$,$CG=\sqrt{(3a)^2+a^2}=\sqrt{10}\,a$。由 $MH \parallel TG$,可得 $\triangle CMH \backsim \triangle CTG$,$\dfrac{MH}{TG}=\dfrac{CM}{CT}=\dfrac{1}{3}$,$MH=\dfrac{1}{3}a$,$BH=2a+\dfrac{1}{3}a=\dfrac{7}{3}a$。于是 $\dfrac{CG}{BH}=\dfrac{\sqrt{10}\,a}{\dfrac{7}{3}a}=\dfrac{3}{7}\sqrt{10}$。故选 C。

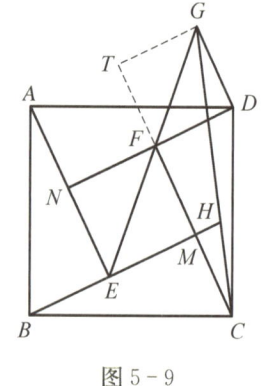

图 5-9

例 3(2021·贵州贵阳)

(1) 阅读理解:我国是最早了解勾股定理的国家之一,它被记载于我国古代的数学著作《周髀算经》中。东吴数学家赵爽为了证明勾股定理,创制了一幅如图 5-10(1) 所示的"弦图",后人称之为"赵爽弦图"。根据"赵爽弦图"写出勾股定理和推理过程。

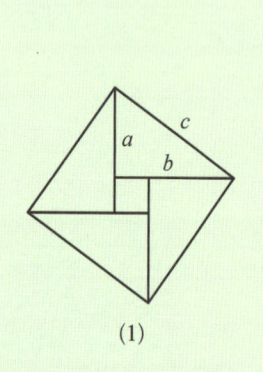

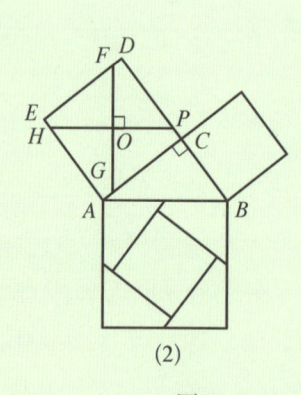

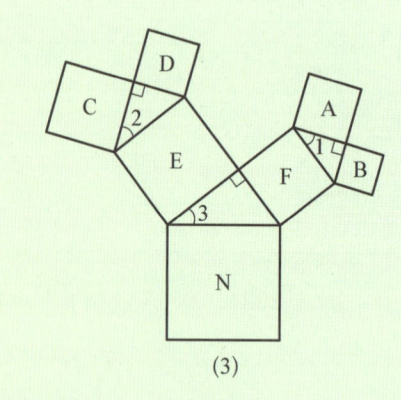

图 5-10

(2) 问题提出:勾股定理的证明方法有很多,如图 5-10(2) 所示是古代的一种证明方法。过正方形 $ACDE$ 的中心 O,作 $FG \perp HP$,将正方形 $ACDE$ 分成四个部分,所分成的四部分与以 BC 为边的正方形恰好能拼成以 AB 为边的正方形。若 $AC=12$,$BC=5$,求 EF 的值。

(3) 拓展探究：如图 5-10(3) 所示，以正方形 E、F 的一边为斜边向外作直角三角形，再以该直角三角形的两直角边分别向外作正方形，重复这一过程就可以得到"勾股树"的部分图形。设大正方形 N 的边长为定值 n，小正方形 A、B、C、D 的边长分别为 a、b、c、d。已知 $\angle 1=\angle 2=\angle 3=\alpha$，当角 $\alpha(0°<\alpha<90°)$ 变化时，探究 b 与 c 的关系式（用含 n 的式子表示），并写出解答过程。

[分析] (1) $a^2+b^2=c^2$，推理过程如下：如图 5-11(1) 所示是由四个直角边长分别为 a、b 的直角三角形与一个边长为 $(b-a)$ 的小正方形拼成的一个边长为 c 的大正方形，则 $4S_{\triangle ADE}+S_{正方形EFGH}=S_{正方形ABCD}$，即 $4\times\frac{1}{2}ab+(b-a)^2=c^2$，整理得 $a^2+b^2=c^2$。

(2) 如图 5-11(2) 所示，由题意得，正方形 ACDE 被分成了 4 个全等的四边形。设 $EF=a$，$FD=b$，所以 $a+b=12$。因为正方形 ABIJ 是由这 4 个全等的四边形和正方形 CBLM 拼成的，所以 $E'F'=EF$，$KF'=FD$，$E'K=BC=5$。因为 $E'F'-KF'=E'K$，所以 $a-b=5$，得 $\begin{cases}a+b=12,\\a-b=5,\end{cases}$ 解得 $a=\frac{17}{2}$，所以 $EF=\frac{17}{2}$。

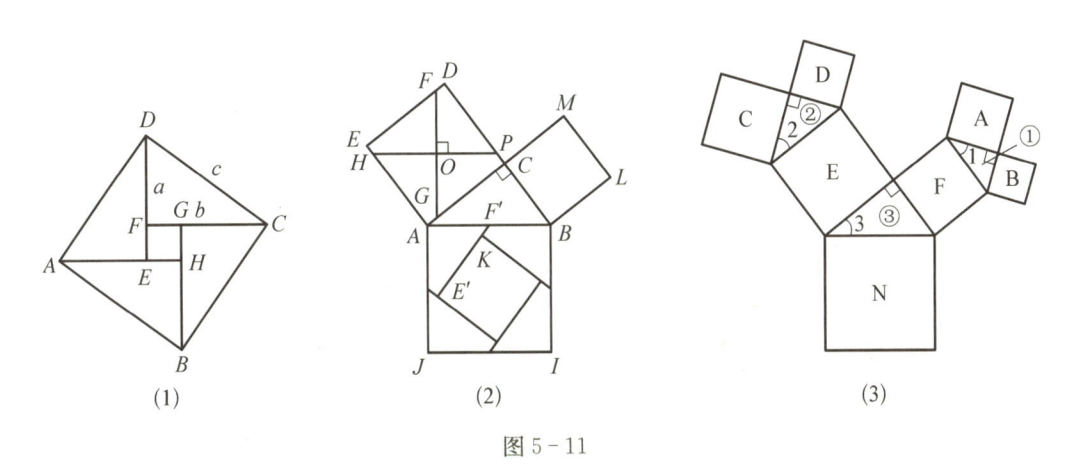

图 5-11

(3) 设正方形 E 的边长为 e，正方形 F 的边长为 f，因为 $\angle 1=\angle 2=\angle 3=\alpha$，所以图 5-11(3) 中三角形①、②与③相似，于是 $\frac{c}{e}=\frac{e}{n}$，$\frac{b}{f}=\frac{f}{n}$，变形得 $e^2=cn$，$f^2=bn$。又 $e^2+f^2=n^2$，所以 $cn+bn=n^2$，即 $b+c=n$。

总结：这些中考题注重知识的产生和应用，体现了对数学素养的重视。"赵爽弦图"在中考中的涉及，还会被深入地挖掘。

四 应用与拓展:"赵爽弦图"的文化价值

中国当代数学家吴文俊(1919—2017)曾写道:"在中国的传统数学中,数量关系与空间形式往往是形影不离并肩地发展着的……17 世纪笛卡儿①解析几何的发明,正是中国这种传统思想与方法在几百年停顿后的重现与继续。"

赵爽弦图充分彰显了数形结合的思想。它利用了图形的截、割、拼、补来证明代数式之间的恒等关系,别具一格,具有极大的创新意义。这也为我国数学以形证数、形数统一、将代数与几何紧密结合的独特风格的形成奠定了基础。事实上,数形结合是一种重要的数学思想方法,对于数学的发展有着深远的意义。

同时,赵爽弦图展现了多样的数学美。赵爽弦图对勾股定理的证明过程既具有严密性,又具有简洁性和直观性;作为一种图形,赵爽弦图还展现出了美观与和谐的一面。赵爽弦图将数学本身的简洁、奇妙、和谐与严谨之美统一其中,体现了数学的独特魅力。

现在,赵爽弦图已经成为我国的一个文化符号,是我国在国际舞台上的一大名片。比如,2002 年在北京举办的第 24 届国际数学家大会,就以赵爽弦图作为会标(图 5 - 12);2021 年在上海举办的第十四届国际数学教育大会(ICME - 14),其会标(图 5 - 13)以赵爽弦图作为其中的一个元素。此外,中国数学会的会标也是赵爽弦图。我国著名数学家华罗庚还曾建议用赵爽弦图作为与"外星人"交流的媒介。

图 5 - 12

图 5 - 13

---

① 勒内·笛卡儿(René Descartes, 1596—1650),法国数学家,被誉为"解析几何之父"。

"赵爽弦图"是我国古代数学的骄傲，它存在的历史意义值得我们回味。我们借助"赵爽弦图"了解了勾股定理。从长远的历史来看，这些数学定理的产生和发展蕴含着一代又一代数学家们的辛勤付出。同学们也可以遨游于数学的海洋，像数学家那样去大胆探索与发现！

6 千古勾股情：梅文鼎与勾股定理

　　勾股定理是数学史上的一颗璀璨明珠。在我国灿烂的传统数学文明中，在赵爽之后，对这颗明珠进行探索的，不乏功勋卓著的数学家，他们曾得到令人称绝的数学发明与发现。清代数学家梅文鼎与其提出的勾股定理的证明方法，便是一例。让我们一起搭乘历史航班，去看看他与证明勾股定理的二三事吧！

一 追根与溯源：梅文鼎其人

　　梅文鼎（1633—1721），字定九，号勿庵，安徽宣城人，中国清初著名的天文学家、数学家（图6-1）。结合中国传统学术，会通中西，梅文鼎复兴了我国传统的天文学和算学，被誉为清代"历算第一名家"。在17世纪至18世纪，梅文鼎同英国的牛顿（Newton，1642—1727）、日本的关孝和（约1642—1708），齐名为世界上三大科学家。

图6-1

　　梅文鼎最重要的贡献是在数学方面。在传统算学几乎成为绝学的时代，他结合传教士带来的西方数学，潜心钻研中西算学，于1672年写成《方程论》，这成为中国算学的骄傲。此后，他力求融汇中西算法，既不泥古守旧，也不盲目崇拜，而是批判地吸收外来文化，最终著成26种算学书，合称《中西算学通》。此书集古今中外之大成，达到当时我国数学研究的极高水平。其中，最为人熟知和称赞的两大贡献如下：在《勾股举隅》中，他证明了中国的勾股定理，并大力推广勾股算法；在《环中黍尺》中，他给出了数种关于球面余弦定理的证明方法。

　　除了做数学研究，梅文鼎能诗能文，并撰有40余种天文学著作，创造了许多兼具中西方特色的天文仪器[如璇玑尺、揆（kuí）日器、侧望仪等]。此外，梅文鼎还热心于数学教育工作。他不仅在家乡宣城设立私塾授课，还曾受人之邀，先后在杭州、南京、天津、北京、保定等地设馆，传授历算知识。晚年时期，他主要在家著书、教学，且时常为慕名来求教的人答疑解难。

与梅文鼎同时期或稍后时期的 37 位数学家、天文学家中,有 20 多人直接或间接地受教于梅文鼎。梅文鼎创立的清代安徽数学学派,对当时的数学发展作出过重大的贡献,对日本等国的学者也产生过一定的影响。

康熙皇帝南巡时,曾三次召见梅文鼎,视他为学术知己。1988 年 11 月 1 日,在安徽合肥召开了"纪念梅文鼎国际学术讨论会暨第二次全国数学史年会"。同月,"梅文鼎纪念馆"在安徽省宣城市的陵阳山上揭幕。馆前有数学家苏步青(1902—2003)的题词"清朝第一流数学家"(图 6-2)。

图 6-2

2013 年,来自英国、日本和中国的 50 多位专家学者汇聚宣城纪念梅文鼎诞辰 380 周年,共同探讨梅文鼎为中国传统数学所作出的杰出贡献。

二 数学与文化:梅文鼎对勾股定理的证明

梅文鼎在总结前人工作的基础上,在《梅氏丛书辑要》[由其孙子梅瑴(jué)成编纂]的"勾股举隅"卷中给出了对勾股定理的两种证明方法。他运用"出入相补"原理,大胆地采用图验法对勾股定理作出证明。

出入相补原理是指这样两个事实:一个是,如果将一个图形分割成若干块,那么各块面积之和等于原图形的面积;另一个是,如果把一个图形从一处移至另一处,面积不变,那么图形移动前后各部分面积的和、差有简单的相等关系。

下面我们用简单的语言,来看看梅文鼎的两种证明方法。

第一种证法:

对于直角三角形 ABC,AB^2 为正方形 $ABDE$ 的面积,BC^2 为正方形 $BCHI$ 的面积，AC^2 为正方形 ACFG 的面积(图 6-3)。要想证明 $AB^2+BC^2=AC^2$，只需证明正方形 ABDE 的面积与正方形 BCHI 的面积的和等于正方形 ACFG 的面积(图 6-4)即可。

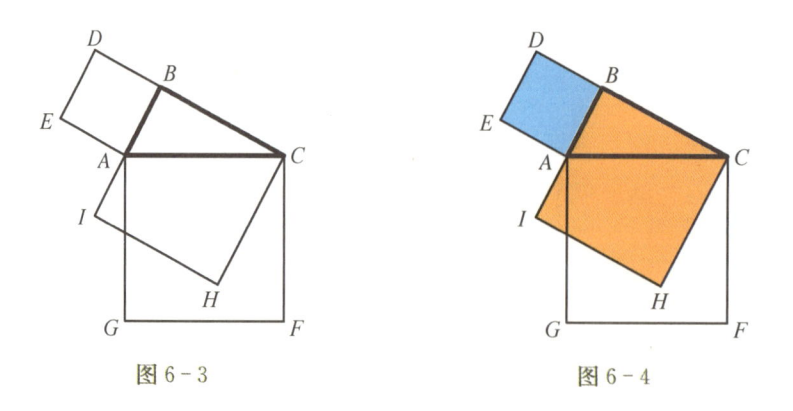

图 6-3

图 6-4

如图 6-5 所示，延长 AI 至点 J，使 IJ=BA，过点 G 作 GK⊥IH，连接 HF，则易证 △ABC≌△FHC≌△AJG，所以 JG=AB=IJ。将正方形 ABDE 移动到正方形 GKIJ 处(图 6-5)，再将 △AJG 移动到 △FKG 处(图 6-6)，将 △ABC 移动到 △FHC 处(图 6-7)。于是，我们将正方形 ABDE 和正方形 BCHI 通过拆分和移动，拼成了正方形 ACFG。由此可得 $AB^2+BC^2=AC^2$。

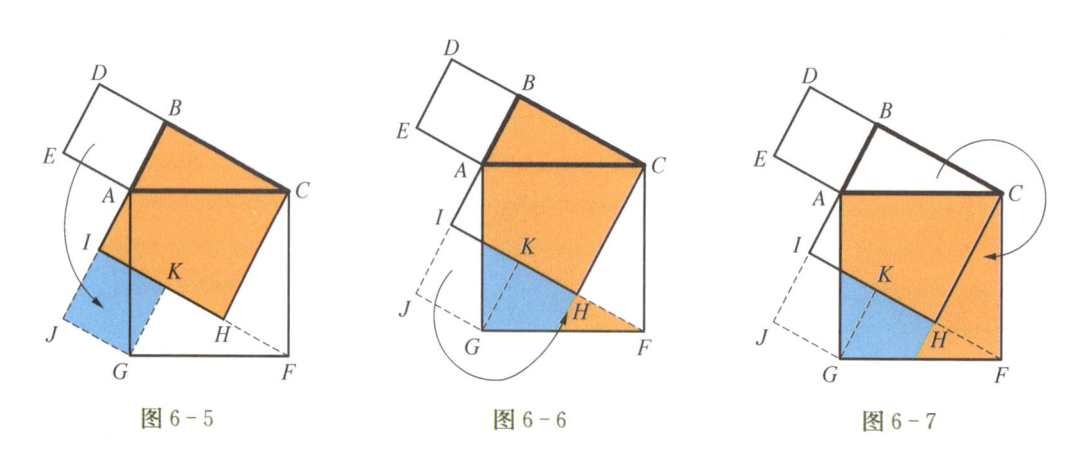

图 6-5

图 6-6

图 6-7

第二种证法[①]：

在直角三角形 ABC 中，AB：BC=2：1，过点 B 作 BF⊥AC 于点 F，BG⊥DE 于点 G(图 6-8)。将 △ABC 移动到 △DHE 处，过点 B 作 BI⊥HD 于点 I，过点 E 作 EJ⊥HE，交线段 HB 于点 J(图 6-9)。

将 △HIB 移动到 △DKA 处，将 △HJE 移动到 △EML 处(图 6-10)，再将四边形

[①] 需要说明的是，这种证法只证明了勾股定理对于一类特殊的直角三角形(两条直角边的长度之比为 2：1)成立。不过完整的证明可以在此基础上稍作修改得到，详见参考文献 17。

$JELB$ 移动到四边形 $MLNC$ 处(图 6-11)。于是我们将正方形 $ACED$ 拆分成了以 AB 为边长的正方形 $ABIK$ 和以 BC 为边长的正方形 $BCNL$。由此得到 $AB^2 + BC^2 = AC^2$。

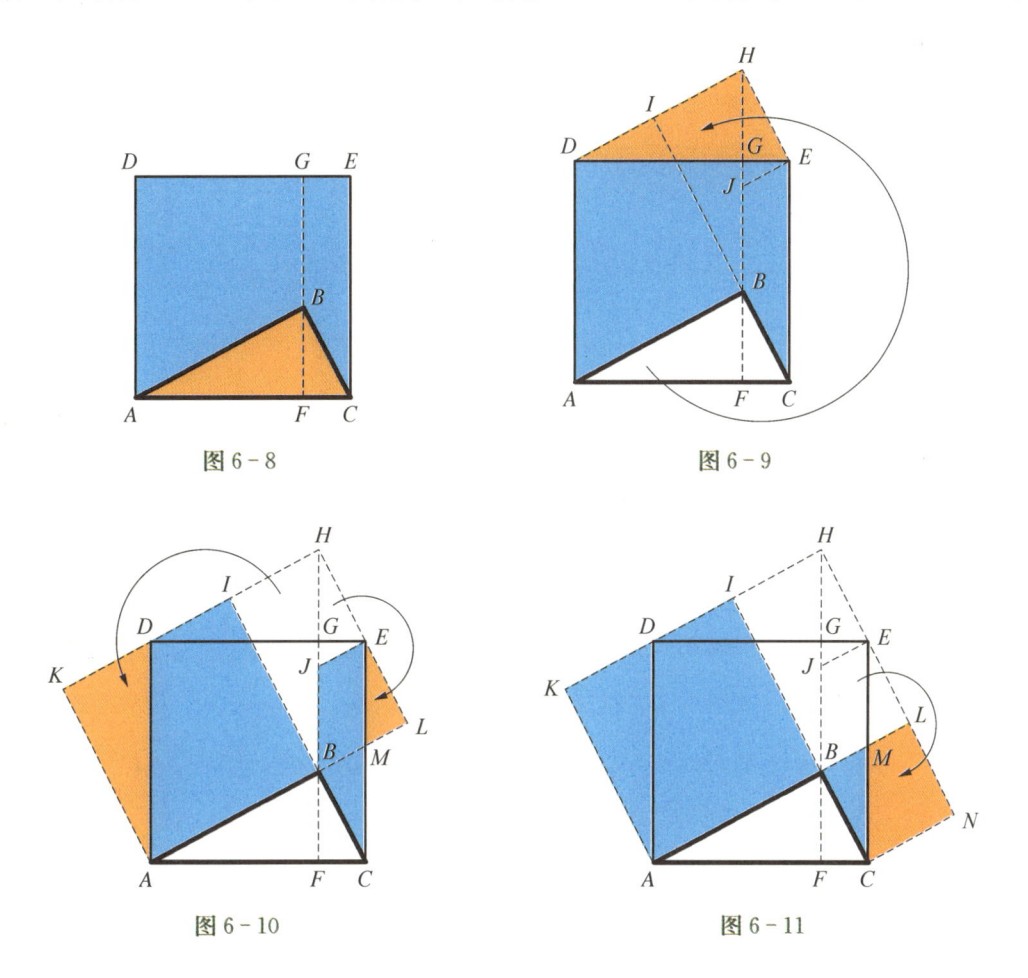

图 6-8

图 6-9

图 6-10

图 6-11

对勾股定理的证明是历代许多数学家关注的重点。其中,以赵爽弦图为基础的证明得到了人们的普遍认可。有人说,梅文鼎不同于以往学者的是,他不是简单给出了两种证明方法,而是想给出勾股定理的"原证"。换句话说,梅文鼎证法和赵爽提出勾股定理时的证明有相似之处,也具有其独创性。

三 实践出真知:中考题中的梅文鼎证法

下面,我们看看中考题中是如何呈现梅文鼎对勾股定理的证明的。

例 1(2022·江苏盐城) 梅文鼎是我国清初著名的数学家,他在《勾股举隅》中给出多种证明勾股定理的方法。图 6-12 是其中一种方法的示意图及部分辅助线。

图 6-12　　　　　　　　图 6-13

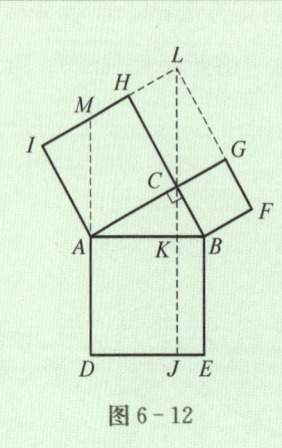

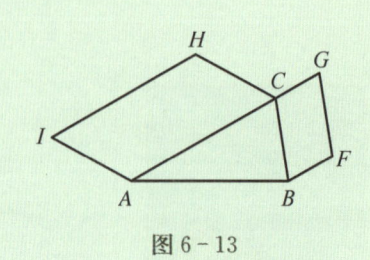

在 Rt△ABC 中，∠ACB=90°，四边形 ADEB、ACHI 和 BFGC 分别是以 Rt△ABC 的三边为一边的正方形。延长 IH 和 FG，交于点 L，连接 LC 并延长交 DE 于点 J，交 AB 于点 K，延长 DA 交 IL 于点 M。

(1) 证明：AD=LC；

(2) 证明：正方形 ACHI 的面积等于四边形 ACLM 的面积；

(3) 请利用(2)中的结论证明勾股定理。

(4) [迁移拓展] 如图 6-13，四边形 ACHI 和 BFGC 分别是以△ABC 的两边为一边的平行四边形，探索在 AB 下方是否存在平行四边形 ADEB，使得该平行四边形的面积等于平行四边形 ACHI、BFGC 的面积之和。若存在，作出满足条件的平行四边形 ADEB（保留适当的作图痕迹）；若不存在，请说明理由。

[分析]　这道题首先提供了相关的文化背景，然后将梅文鼎的证明方法通过一道题目的形式呈现。通过该题的前三问，逐步探得梅文鼎的证明方法；然后通过第(4)问，对梅文鼎的证法作出迁移与拓展。

第(1)问，LC 是直角三角形 HCL 的斜边，AD 作为正方形 ABED 的一条边，由于 AB=AD，也可以看成是直角三角形 ABC 的斜边。因此，可以连接 HG（图 6-14），通过证明 △ACB ≌ △HCG，得到 HG=AB。再根据正方形和矩形的特点，转化成 AD=LC。

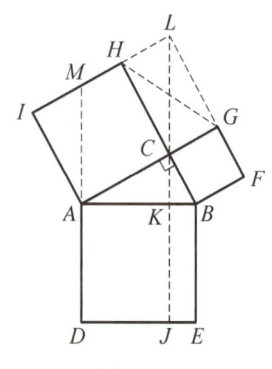

图 6-14

第(2)问，利用图形的切割和组合，可以通过证明 △AIM 和 △CHL 的面积相等，来证明正方形 ACHI 的面积等于四边形

$ACLM$ 的面积。根据 ASA 判定定理,可以证得 $\triangle AIM \cong \triangle ACB$。根据第(1)问证得的 $\triangle ACB \cong \triangle HCG$,可以得到 $\triangle AIM \cong \triangle HCG$。结合长方形的性质,可得 $\triangle CHL \cong \triangle HCG$,所以 $\triangle AIM \cong \triangle CHL$。因此,这两个三角形面积相等,则命题得证。

第(3)问以前两问为基础,是探索梅文鼎证法的关键,这也是中考的常考题型。可以将 Rt$\triangle ABC$ 中三边的关系转化成三个正方形的面积关系,根据图形面积的关系证出勾股定理,这是解题的关键。

证明:因为 $\triangle AIM \cong \triangle CHL$,所以 $IM = HL$,所以 $ML = IH = AC$。又因为在四边形 $ACLM$ 中,$AC \parallel ML$,$AC = ML$,所以四边形 $ACLM$ 是平行四边形,所以 $MA \parallel LC$,所以 $AD \parallel KJ$。又因为在正方形 $ADEB$ 中,$AB \parallel DE$,所以四边形 $ADJK$ 是平行四边形。由(1)知 $AD = LC$,可得

$$S_{\square ADJK} = S_{\square ACLM} = S_{正方形ACHI}$$

延长 EB 交 LG 于点 Q(图 6-15),同理可得

$$S_{\square KJEB} = S_{\square LCBQ} = S_{正方形GCBF}$$

则 $S_{正方形ACHI} + S_{正方形GCBF} = S_{\square ADJK} + S_{\square KJEB} = S_{正方形ADEB}$,即 $AC^2 + BC^2 = AB^2$,得证。

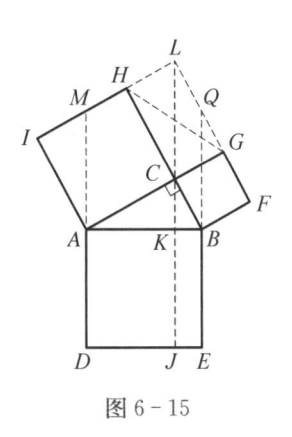

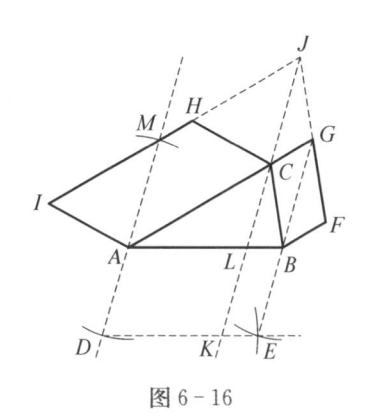

图 6-15

图 6-16

第(4)问作为一道迁移拓展题,其采用的方法在本质上和前几问探得的证法是一致的,即通过拆补、转化的思想,将所求的部分转化成已知的部分。延长 IH、FG 交于点 J,连接 JC(图 6-16)。根据第(3)问中的思路,如果在 AB 下方存在平行四边形 $ADEB$,其面积等于平行四边形 $ACHI$、平行四边形 $BFGC$ 的面积之和,那么可以将四边形 $ADEB$ 拆分成两部分,面积分别等于平行四边形 $ACHI$ 和平行四边形 $BFGC$ 的面积。延长 JC,分别交 AB 和 DE 于点 L、K,只需让平行四边形 $MACJ$ 和平行四边形 $ADKL$ 的面积

相等,即 $AD=MA=JC$。所以,以点 A 为圆心、CJ 为半径画弧交 IH 于点 M,在 MA 的延长线上取 $AD=AM$。最后以点 D 为圆心、AB 为半径画弧,以点 B 为圆心、AD 为半径画弧,两弧交于点 E,连接 AD、DE 和 EB,则得到的四边形 $ADEB$ 即为所求。

例2(2014・浙江温州) 勾股定理神秘而美丽,它的证法多样,其巧妙各有不同,其中的"面积法"给了小聪以灵感,他惊喜地发现:当两个全等的直角三角形如图6-17或图6-18摆放时,都可以用"面积法"来证明。

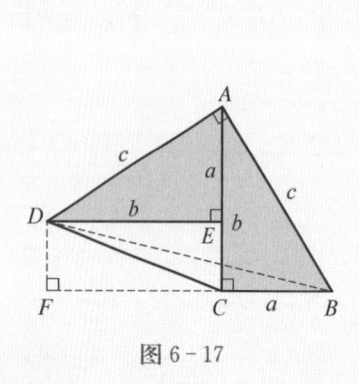

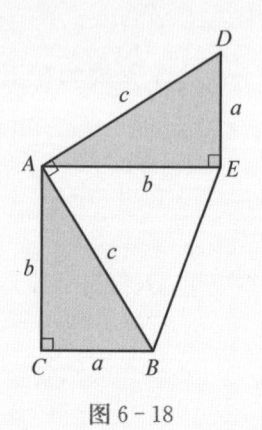

图 6-17

图 6-18

下面是小聪利用图6-17证明勾股定理的过程:

将两个全等的直角三角形按照图6-17所示摆放,其中 $\angle DAB=90°$。求证:$a^2+b^2=c^2$。

证明:如图6-17所示,连接 DB,过点 D 作 BC 边上的高 DF,则 $DF=EC=b-a$。因为 $S_{四边形ADCB}=S_{\triangle ACD}+S_{\triangle ABC}=\frac{1}{2}b^2+\frac{1}{2}ab$,又因为 $S_{四边形ADCB}=S_{\triangle ADB}+S_{\triangle DCB}=\frac{1}{2}c^2+\frac{1}{2}a(b-a)$,所以 $\frac{1}{2}b^2+\frac{1}{2}ab=\frac{1}{2}c^2+\frac{1}{2}a(b-a)$,因此 $a^2+b^2=c^2$。

请参照上述证法,利用图6-18完成下面的证明。

将两个全等的直角三角形按照图6-18所示摆放,其中 $\angle DAB=90°$。求证:$a^2+b^2=c^2$。

证明:连接_____。因为 $S_{五边形ACBED}=$ _____,又因为 $S_{五边形ACBED}=$ _____,所以 _____,所以 $a^2+b^2=c^2$。

[分析] 这道题虽然没有直接采用梅文鼎证法，但这种证法是一种将多边形的面积拆分成几个三角形面积之和的办法，其背后的"面积法"思想与梅文鼎证法如出一辙。通过两种不同的拆分方式，建立边长之间的关系。证明思路如下：如图 6-19 所示，连接 DB，五边形 $ACBED$ 既可以拆分为 $\triangle ACB$、$\triangle ABE$ 和 $\triangle AED$，也可以拆分为 $\triangle DAB$、$\triangle ACB$ 和 $\triangle DEB$，根据两次拆分的面积相等，可以得证。

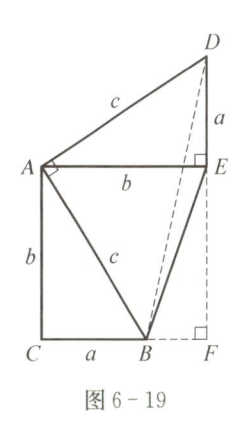

图 6-19

四 应用与拓展：勾股情深

对勾股定理进行证明，是一个闪耀千年的话题。在梅文鼎之后，清末的华蘅芳(1833—1902)也提出了 20 多种对勾股定理的证法。在西方，自毕达哥拉斯之后，证明该定理的例子也不胜枚举。其中，既有欧几里得(Euclid，约前 330—前 275)、加菲尔德(Garfield，1831—1881)等数学家，也不乏一些物理学家和画家，甚至还有总统。据不完全统计，当前对勾股定理的证明方法已达 400 多种，它们或精彩，或简洁，或直观……

勾股定理之所以一直得到各界人士的广泛关注，是因为其本身是基础的、简洁的且应用广泛的。不仅如此，在对勾股定理的证明中，还催生过新的数学对象。同学们不妨通过网络、图书等媒介，发现更多勾股定理的证明方法。

关于勾股定理的实际应用，也是人类发展史上重要的探索实践。在古代，四大文明古国都有应用勾股定理的记载。例如，古埃及在建造宏伟壮观的金字塔的泥板(图 6-20)

图 6-20

上，记载了很多勾股数；在古印度，人们用勾股定理来建造祭坛；在我国古代，《九章算术》《海岛算经》等数学著作中记载了大量勾股定理在实际生产、生活中应用的例子，如运用其求长度、解决行程问题、计算山高(图6-21)等。在现代，勾股定理仍然被广泛应用于各个领域的现实问题的解决中，如计算楼距、建造屋顶、计算太阳能热水器的合适安装角度、预测台风移动路径和影响范围、发现与解释植物（如葛藤）的生长轨迹和规律……

一直以来，勾股定理用简单的形式和深刻的内容与大千世界紧密相连，为人类解读大自然的语言提供了重要桥梁。探索勾股定理是一项富有挑战性的活动，为此，各个时期、各个民族里无数像梅文鼎一样的数学家和数学爱好者，他们展现出了极大的热情，以及直面挑战、勇攀高峰、追求真理、刻苦钻研的精神品质。这一份延续千年的勾股之情，仍将继续蔓延。

图6-21 《海岛算经》中运用勾股定理进行山高计算

7 中国古代的解方程理论：方程术

> 同学们，我们已经学过了很多方程的知识，你知道方程名称的由来吗？明明很多问题可以直接列算式解决，为什么还要学习方程呢？我们现在的未知数都是用 x、y、z 这些英文字母表示的，它们是从西方流传到中国的，那么中国古代有方程吗？就让我们带着这些疑惑，来了解与中国古代方程相关的内容吧。

一 追根与溯源："方程术"的由来

作为数学术语，方程最早出现于中国古代数学名著《九章算术》中，这说明中国古代很早就有了方程。《九章算术》第八章的名称就是"方程"，并在论述问题前解释方程就是用来处理一些较为复杂的数学问题，比如"方程"章的第1题：

> 今有上禾三秉，中禾二秉，下禾一秉，实三十九斗[①]；上禾二秉，中禾三秉，下禾一秉，实三十四斗；上禾一秉，中禾二秉，下禾三秉，实二十六斗。问上、中、下禾实一秉各几何？

大意如下：现在有上等水稻3捆，中等水稻2捆，下等水稻1捆，一共能打出39斗稻谷；上等水稻2捆，中等水稻3捆，下等水稻1捆，一共能打出34斗稻谷；上等水稻1捆，中等水稻2捆，下等水稻3捆，一共能打出26斗稻谷。问：1捆上等水稻、1捆中等水稻、1捆下等水稻分别能打出多少斗稻谷？

要知道，不用方程解决这个问题并不容易。那方程究竟是什么？中学教材上的定义是"根据等式关系列出的含有未知数的等式是方程"。在古代，方程中的"方""程"都有特殊的含义。"方"指的是并列放在一起，"程"的本义是度量，引申为事物的标准。因此方程的本义是并而程之，即将几个事物之间的各种数量关系并列起来，确定

[①] 禾，是指水稻；秉，是指禾把（的捆数）；斗，容量单位，一斗等于十升。这里假设每捆水稻能打出的稻谷是一样多的。

其度量标准。直白一点讲,古代的方程包括列方程组和解方程组,这与我们今天的方程的含义不同。一方面现在的方程只是列方程,另外一方面现在的方程的范围很广,像 $3x+5=8$ 这样解决简单问题的等式也是方程,但在中国古代则不然,原因是一元一次方程比较简单,用算术的方法就能解决,没有必要创造新的数学知识解决这类问题,这也在一定程度上反映出新的数学知识的产生有时候需要一定的条件,可能是被"逼迫"的结果。

图 7-1(1) 是用阿拉伯数字根据"方程"章的第 1 题列出的方程,这个方程中有三个相等关系,根据这三个相等关系按照从上往下、从右往左的顺序依次把等量关系写下来,此时就完成了"并"这一步。然后根据图 7-1 中的 (2)(3)(4) 求出 1 捆上、中、下等水稻分别能打出多少斗稻谷,即古代的"程"(具体原理将在第二部分解释)。其实,(1) 就是现在高等数学中的矩阵,(1) 逐步变化为 (2)(3)(4) 就是矩阵的初等变换。由此可见,中国古代在解方程方面有着显著的成就,形成了自己的一套方程理论,即**方程术**。

古代的"方程"	1	2	3		3		3		4
	2	3	2	4	5	2	5	2	4
	3	1	1	8	1	1	4	1	4
	26	34	39	39	24	39	11	24	39	11	17	37
		(1)			(2)			(3)			(4)

图 7-1

二 数学与文化:方程术

方程术是《九章算术》中"方程"的一种解法。其操作步骤是在算板上布列"方程",并反复对"方程"的行进行"遍乘""直除"等变换。从今天的角度来看,其变换过程相当于矩阵的初等变换。

那么,"方程术"究竟是怎么解方程的呢?我们一起看看《九章算术》中的介绍。图 7-1 呈现的解方程的方法被称为"直除法",所谓直除,就是整行与整行对减。我们可以借助今天的方程组来理解上述过程。设 x、y、z 分别表示上、中、下等水稻各 1 捆能打出的稻谷的斗数,根据题意可以列出如下的方程组,这个方程组与上图中的 (1) 是一致的(其中顺序有所调整,原来是纵向的,现在是横向的)。

$$\begin{cases} 3x+2y+z=39 & ① \\ 2x+3y+z=34 & ② \\ x+2y+3z=26 & ③ \end{cases}$$

那么图 7-1 中的(1)是如何变换成(2)的呢？我们只需要以右行上等水稻系数 3 分别乘左行和中行的所有的项，然后不停地减去右行，一直减至左行和中行上等水稻的系数为 0。对应到方程组中，就是用①中 x 的系数 3 分别乘②和③，得到的式子分别减去①，直到 x 的系数为 0，此时方程组变成：

$$\begin{cases} 3x+2y+z=39 & ④ \\ 5y+z=24 & ⑤ \\ 4y+8z=39 & ⑥ \end{cases}$$

对⑤和⑥重复上述过程依次得到下列方程组：

$$\begin{cases} 3x+2y+z=39 \\ 5y+z=24 \\ 4z=11 \end{cases}$$

《九章算术》中的"直除法"的确有点复杂，因此刘徽在注解《九章算术》时对该方法进行了改进，发明了"互乘相消法"，这种方法与我们学过的加减消元法相似。此外，很多需要用方程解决的问题的题目条件较复杂，比如《九章算术》中"方程"章的第 2 题：

> 今有上禾七秉，损实一斗，益之下禾二秉，而实一十斗；下禾八秉，益实一斗，与上禾二秉，而实一十斗。问上、下禾实一秉各几何？

大意如下：现在有上等水稻 7 捆，减去 1 斗稻谷，再加上下等水稻 2 捆，一共能打出 10 斗稻谷；下等水稻 8 捆，加上 1 斗稻谷，再加上上等水稻 2 捆，一共能打出 10 斗稻谷。问：1 捆上等水稻、1 捆下等水稻分别能打出多少斗稻谷？

这道题是不能直接用"直除法"解决的，而需要利用"损益术"进行转化，具体操作如下：设 1 捆上等水稻和下等水稻分别能打出 x、y 斗稻谷，根据题设列关系式如下：

$$\begin{cases} (7x-1)+2y=10 \\ 2x+(8y+1)=10 \end{cases}$$

通过"损益术"，即分别将方程组中的两个方程左边的常数移到右边（移项后符号发生改变），方程组变为

$$\begin{cases} 7x+2y=11 \\ 2x+8y=9 \end{cases}$$

这样的方程组即可运用"直除法"进行解答。如果最开始的方程组中在方程右边有含有未知数的项，则需要利用"损益术"将其移到左边。此时如果原先的项的系数是正数，移到左边就变成负数。正是解方程的需要，历史上最早的负数在中国产生了，而且出于计算的需要，负数的运算法则应运而生。

三 实践出真知：教材与中考题中的方程术

教材中有很多与方程相关的传统数学文化，主要分布在一元一次方程、二元一次方程组、分式方程、一元二次方程等内容中。我们也借此进一步了解方程的历史及背后的文化。

1 教材中的方程术

（1）方程的历史

多个版本的教材中都介绍了方程的历史。综合人教版和浙教版的介绍，我们可以对方程有较为全面的认识：在西方，公元820年左右，阿拉伯数学家花拉子米（Khwarizmi，约780—约850）著有《对消与还原》来讨论方程的解法；17世纪，笛卡儿引入 x、y、z 表示未知数，简化了方程的表达；在中国，方程的系统研究起始于公元1世纪左右《九章算术》中的"方程"章；1248年，金元数学家李冶在《测圆海镜》中引入了天元术；19世纪，清代数学家李善兰（1811—1882）则引入了西方的方程，并将 equation 翻译为"方程"。

（2）经典的方程问题："鸡兔同笼"

《孙子算经》中的"鸡兔同笼"是耳熟能详的历史名题，同时，这一名题也备受教材编写者的喜爱，它常被用来引出"二元一次方程组"的学习。"鸡兔同笼"问题是《孙子算经》中的第31题。其原文是"今有雉兔同笼，上有三十五头，下有九十四足。问雉兔各几何？"我们可以设鸡有 x 只，兔有 y 只，由此可以得到两个关于 x、y 的方程：

$$\begin{cases} x+y=35 \\ 2x+4y=94 \end{cases}$$

这一方程组就是我们所熟知的二元一次方程组，我们可以利用加减消元法或者代入消元法进行求解。其实在历史上，"鸡兔同笼"更多地被视为一种解决定和问题（题目中有几个未知数，其中一个已知条件是这些未知数的和）的模型，用算术的方法，而非方程进行解决。

(3) 其他作为例题或练习的方程名题

中国古代数学中有众多可用方程解决的题目，这也是我们借以学习新知、巩固提高的素材。以下呈现的是青岛版教材中作为例题和练习题的方程名题。同学们不妨看看如何用方程解决这些名题。

青岛版教材中的"方程"历史名题

◇ 《九章算术》中的"两鼠穿墙"问题

今有垣厚五尺，两鼠对穿。大鼠日一尺，小鼠亦日一尺。大鼠日自倍，小鼠日自半。问何日相逢？各穿几何？

（译文：有5尺厚的墙，两只老鼠从两边往中间打洞。大老鼠第一天打一尺，小老鼠第一天也打一尺。大老鼠每天的打洞进度是前一天的2倍，小老鼠每天的进度是前一天的一半。问：它们几天可以相遇？各打了几尺的墙？）

◇ 《张丘建算经》中的"百鸡问题"

今有鸡翁一，直钱五；鸡母一，直钱三；鸡雏三，直钱一。凡百钱买鸡百只，问鸡翁、母、雏各几何？

（译文：现在1只公鸡的价格是5个钱币；1只母鸡的价格是3个钱币；3只小鸡的价格是1个钱币。如果用100个钱币买100只鸡，问：公鸡、母鸡和小鸡分别能买多少只？）

◇ 《算法统宗》中的"分钱问题"

隔墙听得客分银，不知人数不知银，七两分之多四两，九两分之少半斤。试问各位善算者，多少人分多少银？

（译文：隔着墙壁听见客人在分银两，不知道有多少人、多少银两。若每人分7两，则还多4两；若每人分9两，则还差8两。请问：有多少客人？分多少银两？注：古代1斤等于16两。）

◇ 《算学启蒙》中的"马牛羊问题"

今有二马三牛四羊,价格不满一万。若马添牛一,牛添羊一,羊添马一,则各满一万。问三色各一,价钱几何?

(译文:现在有2匹马、3头牛、4只羊,总价格均不到10 000文。如果在马里面添1头牛,在牛里面添1只羊,在羊里面添1匹马,则三者的价格恰好都是10 000文。问:1匹马、1头牛、1只羊的价格分别是多少文?)

2 中考题中的方程术

近年来,中国古代方程问题较多地出现在全国各地的中考数学试题中,这里列出3道有代表性的题目供大家参考。

例1(2022·江苏苏州) 《九章算术》是中国传统数学最重要的著作,奠定了中国传统数学的基本框架。它的代数成就主要包括开方术、正负术和方程术,其中方程术是其最高的代数成就。《九章算术》中有这样一个问题:"今有善行者行一百步,不善行者行六十步。今不善行者先行一百步,善行者追之,问几何步及之?"译文:"相同时间内,走路快的人走100步,走路慢的人只走60步。若走路慢的人先走100步,则走路快的人要走多少步才能追上?(注:步为长度单位)"设走路快的人要走 x 步才能追上,根据题意可列出的方程是( )。

A. $x = 100 - \dfrac{60}{100}x$ B. $x = 100 + \dfrac{60}{100}x$

C. $\dfrac{100}{60}x = 100 + x$ D. $\dfrac{100}{600}x = 100 - x$

例2(2020·湖北黄石) 我国传统数学名著《九章算术》记载:"今有牛五、羊二,直金十两;牛二、羊五,直金八两。问牛、羊各直金几何?"译文:"假设有5头牛、2只羊,值10两银子;2头牛、5只羊,值8两银子。问:每头牛、每只羊分别值银子多少两?"根据以上译文,提出以下两个问题:

(1) 每头牛、每只羊各值多少两银子？

(2) 若某商人准备用 19 两银子买牛和羊(要求既有牛也有羊,且银两须全部用完),请问商人有几种购买方法？列出所有的可能。

例3(2019・宁夏) 你知道吗,对于一元二次方程,我国古代数学家还研究过其几何解法呢！以方程 $x^2+5x-14=0$ 即 $x(x+5)=14$ 为例加以说明。数学家赵爽(公元 3~4 世纪)在其所著的《勾股圆方图注》中记载的方法是：构造图(图 7-2)中大正方形的面积是 $(x+x+5)^2$,其中它又等于四个矩形的面积加上中间小正方形的面积,即 $14\times 4+25$,据此易得 $x=2$。那么在下面右边三个构图[图 7-3(1)(2)(3),矩形的顶点均落在边长为 1 的小正方形网格格点上]中,能够说明方程 $x^2+4x-12=0$ 的正确构图是_____。(只填序号)

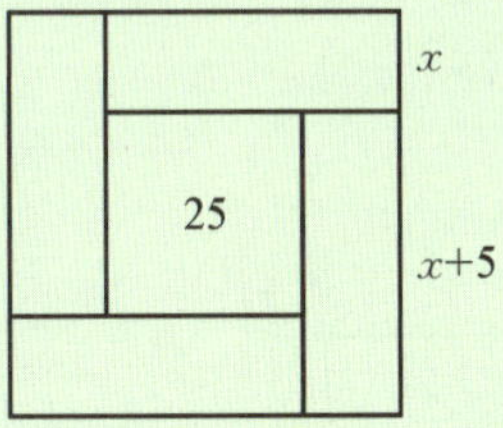

图 7-2

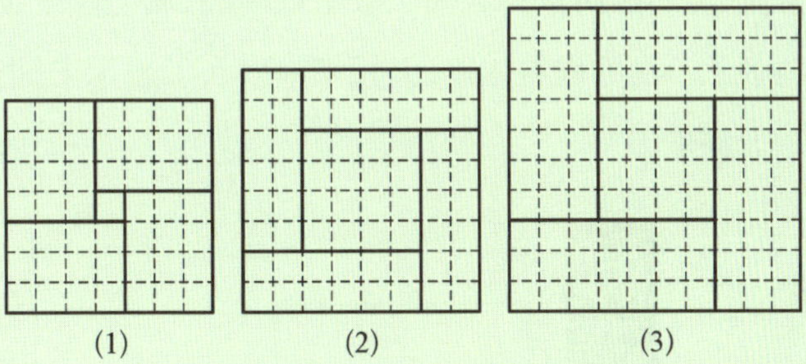

图 7-3

[分析] 例1需要根据题目中的数量关系列出方程,注意"步"是长度单位,因此不用考虑两个人的步长是否相同；例2(1)需要列解二元一次方程组,例2(2)是一道不定方程,如果不限定解的范围,方程的解有无穷多个,当把方程的解限定在正整数范围时,就能求得方程的有限解。例3彰显了中国古代数学的价值,让我们了解到中国古代除了用代数的方法解决方程问题,还用到了几何的方法。在没有简洁符号的中国古代,用代数的方法解决方程问题并不容易,而中国有着几何方法解决问题的传统,特别是刘徽提出的出入相补原理,蕴含了中国传统思维中的整体性思想。我们将在专题 17 中进一步介绍。

四 应用与拓展：方程术的延伸与发展

方程的发展与数学符号的发展紧密相关,今天的我们会发现方程的列解比较方便,那是因为方程中有了 x、y、z 这些表示未知数的符号。本节第一部分中的三元一次方程组通过在固定的位置上书写数字可以规避表示未知数的符号,因为固定的位置表示的就是固定的未知数,但一元多次方程、多元多次方程组该如何表示？已有的方法已无法解决,在《九章算术》之后,李冶、朱世杰等对方程的发展做出了新的贡献。他们运用天元术来解决一元高次方程的问题,所谓"天元",即今天的未知数。

根据已知条件,利用天元列出方程的一般方法就是**天元术**,列出的方程叫作**天元开方式**,也就是今天的一元高次方程。从天元开方式的称谓上看,中国古代解一元高次方程与求方根有着紧密的联系。图 7-4 呈现的是一元高次方程 $a_0x^n + a_1x^{n-1} + \cdots + a_{n-1}x + a_n = 0$ 的天元开方式,图 7-4(1) 中的"元"即天元,元前面的 a_{n-1} 即方程的一次项系数,图 7-4(2) 中的"太"即方程的常数项。在列方程时,只要标记出一次项或常数项的位置,然后按照未知数的次数由低到高、从上往下依次写出各项的系数就列出了方程。与多元一次方程组相比,天元术中引入了表示未知数的天元,这是中国方程发展史上的一大进步。

用现代符号列出的中国古代一元高次方程

$$
\begin{array}{c}
a_n \\
a_{n-1} \quad 元 \\
\vdots \\
a_2 \\
a_1 \\
a_0
\end{array}
\qquad 或 \qquad
\begin{array}{c}
a_n \quad 太 \\
a_{n-1} \\
\vdots \\
a_2 \\
a_1 \\
a_0
\end{array}
$$

(1)   (2)

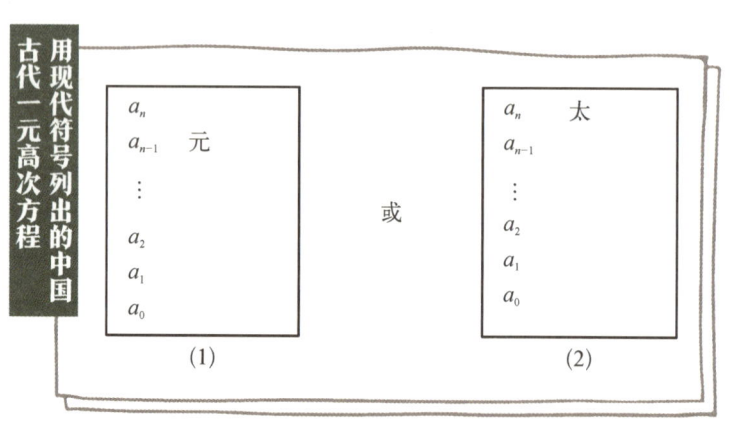

图 7-4

随着数学的发展,需要解决的方程愈加复杂,中国古代数学家们发明了二元术、三元术、四元术,即引入了更多专有的数学术语来表示未知数,从而列出多元高次方程组。朱世杰用"天、地、人、物"四个字来表示未知数,并列解多元高次方程组,这是中国方程史上的一大创举,在历史上具有重要的地位,比国外早了四五百年。朱世杰本人也被著名科技史家乔治·萨顿誉为"一位最杰出的数学家",他的著作《四元玉鉴》则被看作中世纪最杰出的数学著作之一。

　　从天元术到四元术,从线性方程组到高次方程的求解,中国人在方程史上留下了浓墨重彩的一笔;从完善方程术的刘徽,到创立并发展天元术和四元术的李冶、朱世杰等,他们身上体现着中国古代数学家开拓进取、追求卓越的精神品质。此外,作为中国传统数学文化的代表,方程很好地体现了中国古代数学的构造性、计算性、机械性的特点,也衍生出了很多值得我们回顾历史、探究古法的课题,比如一元二次方程的几何解法,线性方程组的程序化解法,一元高次方程的数值解法,平方根与立方根的计算,线性方程组与矩阵的关系等。在古今对照中,我们将会更好地了解历史、感悟文化、超越自我。

8　变幻无穷的东方魔板：七巧板

说到七巧板，相信大家都不陌生，它是中国著名的古典益智拼图玩具(图8-1)。七巧板包含正方形、直角三角形、平行四边形等形状的板块共七块，用它可以拼成各种有趣的图样，如飞禽走兽、花鸟鱼虫、山水草木等。不难理解，七巧板可以锻炼智力，培养想象能力和审美能力。本专题，就让我们再一次走近七巧板，了解七巧板背后那些丰富多彩的故事吧！

图8-1

一　追根与溯源：七巧板"小传"

七巧板的历史渊源悠久，具有深厚的中华文化底蕴，以及丰富的历史、文化、数学、哲学、美学的内涵，被西方科技史家称为"东方最古老的几何玩意"。《七巧世界》作者、七巧板非遗传承人傅起凤经过30多年的考证之后认为，七巧板源自中国古代的测量工具——矩。而其他许多学者则认为七巧板是由宋代的燕几图、明代的蝶几图逐渐演变而来的。

北宋文人黄伯思曾设计六件长方形案几，用于宴请宾客，故被称为"燕几"，即宴请宾客的案几。后燕几增设一小几，共包括两张长桌、两张中桌和三张短桌，长、中、短桌的长分别为七尺、五尺二寸五分、三尺五寸，宽均为一尺七寸五分(1米＝3尺，1尺＝10寸，1寸＝10分)。如图8-2所示，七件案几拼在一起，恰好形成一个大长方形；如图8-3所示，也

图8-2

图8-3

可选择两张长桌和两张短桌拼成一个中间镂空的正方形,被称为"瑶池"。这七件案几形制规整,结合不同的拼法,变化无穷,实用美观,体现了设计者的智慧和匠心。

"燕几"虽然可以拼出多种巧妙的图形,但其基础图形始终只有单一的长方形,到了明代,古琴家严澂(chéng)大胆引入了等腰梯形、直角梯形和等腰直角三角形,并舍弃原有的长方形,发明了一种新的案几组合,总共13张案几。由于这13张案几合起来像蝴蝶的翅膀,故严澂称之为"蝶翅几"。如图8-4所示是蝶翅几的制作图谱,其中的数字代表该形状对应的数量。明代的画家戈汕于1617年编著的《蝶几谱》中,收集了100多种用蝶翅几拼成的图案,包括山、亭、磐、鼎、瓶、叶、花卉、床帐、飞鸿、蝴蝶等。

我们细心观察就会发现,只要取图8-4蝶翅几形制图的右半部分,再添两条线,就得到了一副传统七巧板(图8-5),这证实了传统七巧板与蝶翅几的密切关系。

1814年,桑下客的《正续七巧图合璧》的序言里写道:"七巧之戏,亦名合巧图,其源出于勾股法。"1861年出版的《七巧八分图》中也写道:"七巧图传世久矣,源出勾股,义蕴精深,端倪层出不穷。"可见七巧板与勾股定理也颇有渊源,运用七巧板的分割和拼合能够简洁明晰地演示勾股定理,如图8-6所示。

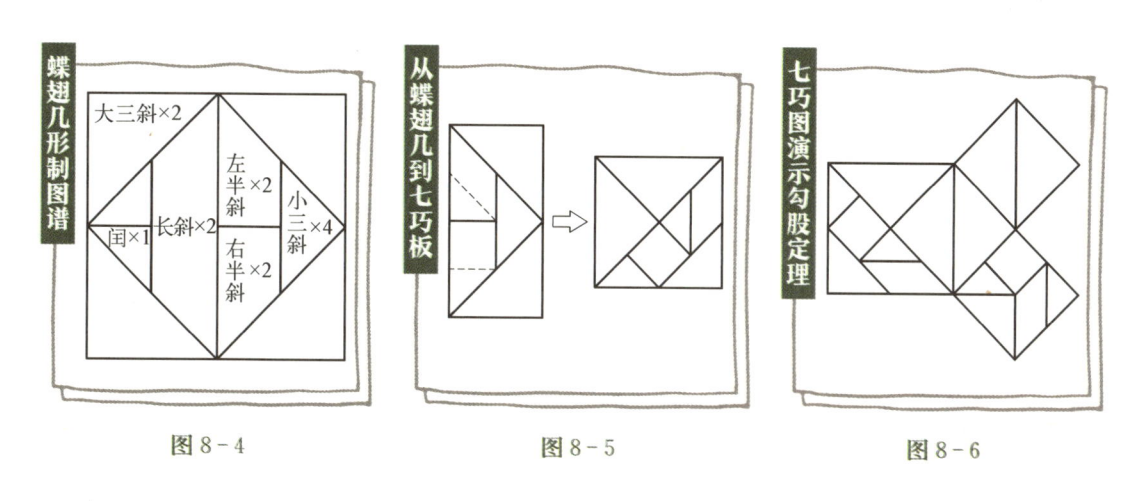

图8-4　　　　　图8-5　　　　　图8-6

总的来说,七巧板作为一种玩具,来源于古人的生活,是彰显中国古人智慧的一颗耀眼之星。

二 数学与文化:七巧板的设计智慧

用七巧板可以拼出花鸟鱼虫、飞禽走兽、工具器用、舟车人物,总数超过1 600种,其中有些是容易拼出的,还有一些则较难拼出。图8-7展示了一部分用七巧板拼成的图案。小小的七块板,为什么会有如此惊人的表现力呢?我们不妨从数学的视角来解读其中的奥妙。

丰富多彩的七巧板拼图

图 8-7

如图 8-8 所示,若假设七巧板中小正方形的边长为 1,那么整副七巧板各个组块的长度只有 1、$\sqrt{2}$、2、$2\sqrt{2}$ 四种情况。可以看到,它们之间存在简单的倍数关系,这使得拼板的边和边之间容易地对齐在一起。在角度上,一副七巧板只有 45°、90°、135°三种不

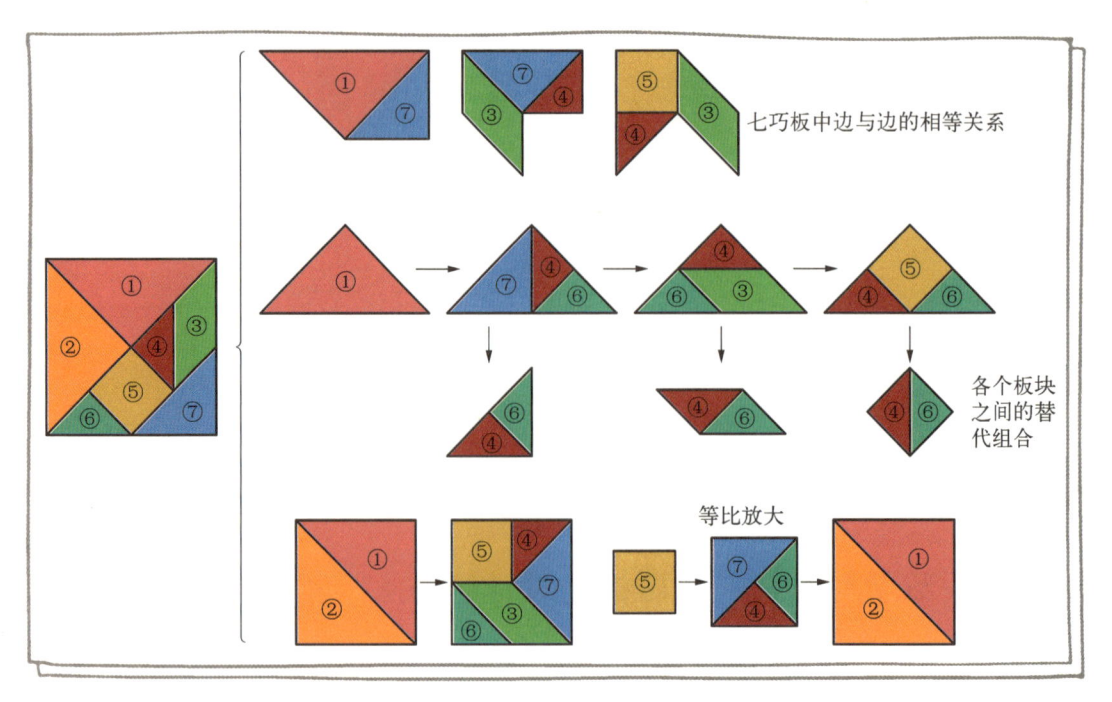

图 8-8

同的角度,呈现出 1∶2∶3 的比例关系,因此很容易拼出平角和周角,以便产生直线型的边界或实心的内部区域。面积的相等关系为组块与组块之间的相互替代创造了条件。这些特点使得七巧板拼成的图案更富平衡感和层次感。

简洁、对称、规律方能产生美。七巧板的设计之讲究,分割之巧妙,正是符合了这三点,这使它成为一个井然有序的整体,从而能拼出千变万化的图案。

三 实践出真知:中考题中的七巧板

因为七巧板既富有民族文化背景,又在浑然一体的结构中隐含着许多数学关系,它常常出现在中考数学题中。早年有关七巧板的中考数学题,难度并不大,主要以拼摆图形和面积计算为主,近几年有关七巧板的中考题的难度有所提升,更考验我们对七巧板中隐藏信息的挖掘。组成七巧板的是平面图形中最基本、最常见的几何图形,我们需要利用好这些基本几何图形所蕴含的数量关系与位置关系,提炼有用信息,转化为常见的数学解题模型,从而正确解题。

例 1(2019·浙江湖州) 七巧板是我国祖先的一项卓越创造,被誉为"东方魔板"。由边长为 $4\sqrt{2}$ 的正方形 $ABCD$ 可以制作一副如图 8-9(1)所示的七巧板,现将这副七巧板在正方形 $EFGH$ 内拼成如图 8-9(2)所示的"拼搏兔"造型(其中点 Q、R 分别与点 E、G 重合,点 P 在边 EH 上),则"拼搏兔"所在正方形 $EFGH$ 的边长是_____。

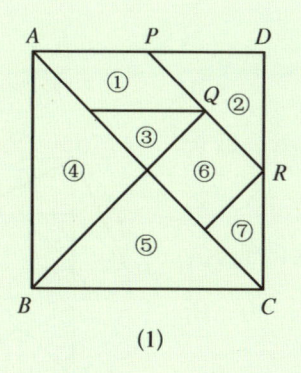

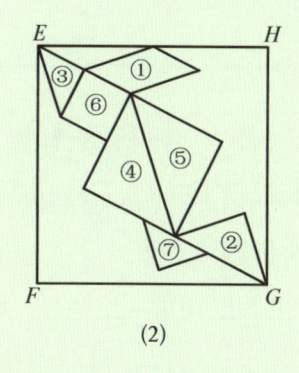

图 8-9

[分析] 根据条件,正方形 $ABCD$ 的边长为 $4\sqrt{2}$,我们可以得到许多有用信息:①的短边长为 2,③、⑦的直角边长为 2,⑥的边长为 2,④和⑤的直角边长为 4,②的斜边

长为4等。如图8-10所示,连接EG,过点G做EM的垂线,与EM的延长线交于点K,易得$\triangle EKG$是直角三角形,且$EK=2+2+4+4=12$,$KG=4$,由勾股定理,$EG=\sqrt{12^2+4^2}=4\sqrt{10}$,故$EF=4\sqrt{5}$。

七巧板问题往往伴随着较多已知条件,如何摒弃多余条件,抓住有用信息,将复杂的图形问题简单化,是解决这一类问题的关键。

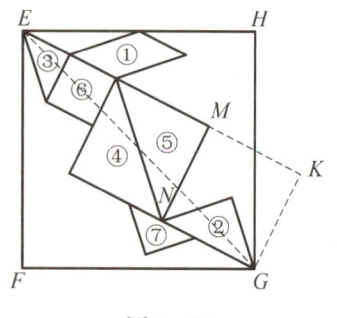

图8-10

例2(2023·浙江温州) 图8-11(1)是4×4方格绘成的七巧板图案,每个小方格的边长为$\sqrt{2}$。现将它剪拼成一个"房子"造型[图8-11(2)],过左侧的三个端点作圆,并在圆内右侧部分留出矩形$CDEF$作为题字区域(点A、E、D、B在圆上,点C、F在AB上),形成一幅装饰画,则圆的半径为_____;若点A、N、M在同一直线上,$AB \parallel PN$,$DE=\sqrt{6}EF$,则题字区域的面积为_____。

(1)　　　　(2)

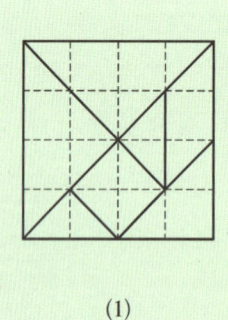

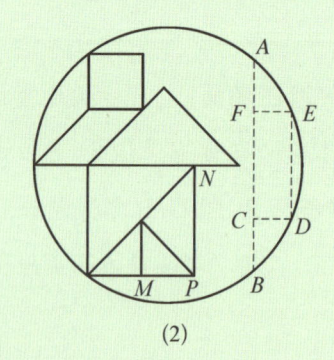

图8-11

[分析] 如图8-12所示,标记字母G、J、K,延长HJ,交圆于点I,连接HG、GI。由题意易得$GJ=JK=4$,$HI \perp GK$,所以圆心必在HI上,所以HI为圆的直径,只需求出HI的长度即可求出半径。因为$\angle HGI=90°$,所以$\triangle GHJ \sim \triangle IHG$,所以$\dfrac{HI}{GH}=\dfrac{GH}{HJ}$。因为$GH=2\sqrt{5}$,$HJ=2$,所以$HI=10$,所以圆的半径为5。

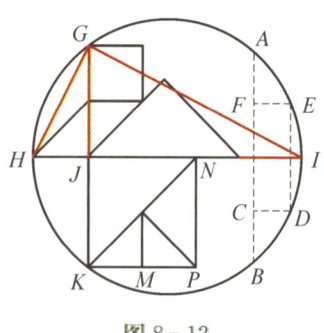

图8-12

如图8-13所示,圆心O在点N的左侧,且$ON=6-5=1$。记AB、ED与HI的交点分别为L、Q。因为A、N、M三点共线,所以$\triangle NMP \sim \triangle ANL$,又因为$NP=$

$2MP$,所以 $AL=2NL$。连接 AO,设 $NL=x$,则 $AL=2x$,在 $\triangle ALO$ 中,利用勾股定理,$(1+x)^2+(2x)^2=5^2$,解得 $x=2$,即 $OL=3$。设 $QL=a$,则 $ED=\sqrt{6}a$,$EQ=\dfrac{\sqrt{6}a}{2}$。连接 OE,在 $\triangle OEQ$ 中,再次应用勾股定理,$(3+a)^2+\left(\dfrac{\sqrt{6}}{2}a\right)^2=5^2$,解得 $a=\dfrac{8}{5}$,则 $CD=QL=\dfrac{8}{5}$,$DE=\dfrac{8}{5}\sqrt{6}$,所以题字区域的面积为 $\dfrac{8}{5}\times\dfrac{8}{5}\sqrt{6}=\dfrac{64}{25}\sqrt{6}$。

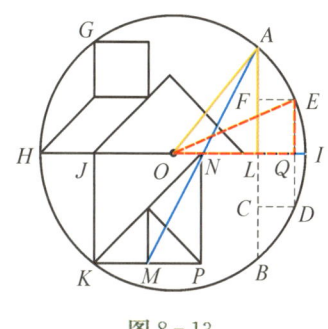

图 8-13

这第二小问看似复杂,其本质却是垂径定理的多次应用。垂径定理是教材中上最经典、最基础的几何模型,只是结合了七巧板背景,给出的众多已知条件具有较强迷惑性,使得问题看上去扑朔迷离,复杂难解。我们只需拨开迷雾寻本质,问题就能迎刃而解了。

四 应用与拓展:玩转七巧板

在了解了七巧板的来历和数学奥秘后,现在,我们一起来玩转七巧板吧!

活动1 破解七巧板悖论

利用手中的七巧板,一起来拼一拼下面几组图形吧!你发现了什么?

在图 8-14 中,两只"小狗"几乎一模一样,但是(2)比(1)嘴里多了一块"肉";在图 8-15 中,两个"小人"都是用一副七巧板拼成的,但是(2)却比(1)多出一只"脚",这是怎么回事呢?如果我们假设七巧板中小正方形的边长为1,则图 8-14 中 $a=3\sqrt{2}$,$b=4$,$c=2\sqrt{2}$,$d=2+\dfrac{\sqrt{2}}{2}$,即 a 略大于 b,c 略大于 d。换句话说,图 8-14(1)中的"小狗"的体型比(2)中"小狗"更大一些。同样的道理,在图 8-15 中,若去掉(2)中"小人"的"脚",(1)的"小人"会更胖一些、高一些,(2)的"小人"会更瘦一些、矮一些。

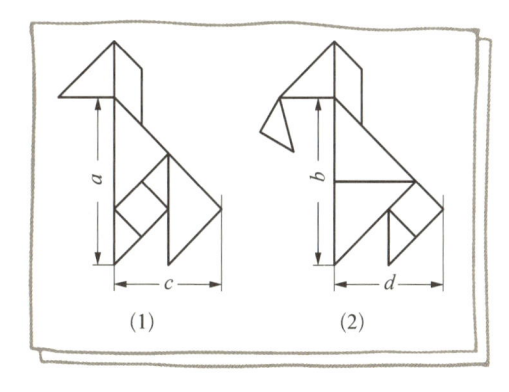

图 8-14

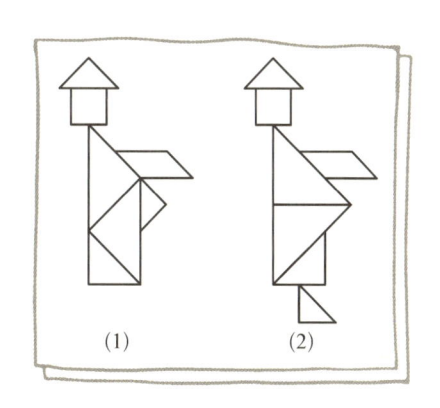

图 8-15

在七巧板中，还有许多这样似是而非的巧合，例如图 8-16 中的 3 组图形，均是由一副七巧板拼成的图形，它们的面积看上去不等，实际上却相等。请你从数学的角度解释其中的奥妙吧！

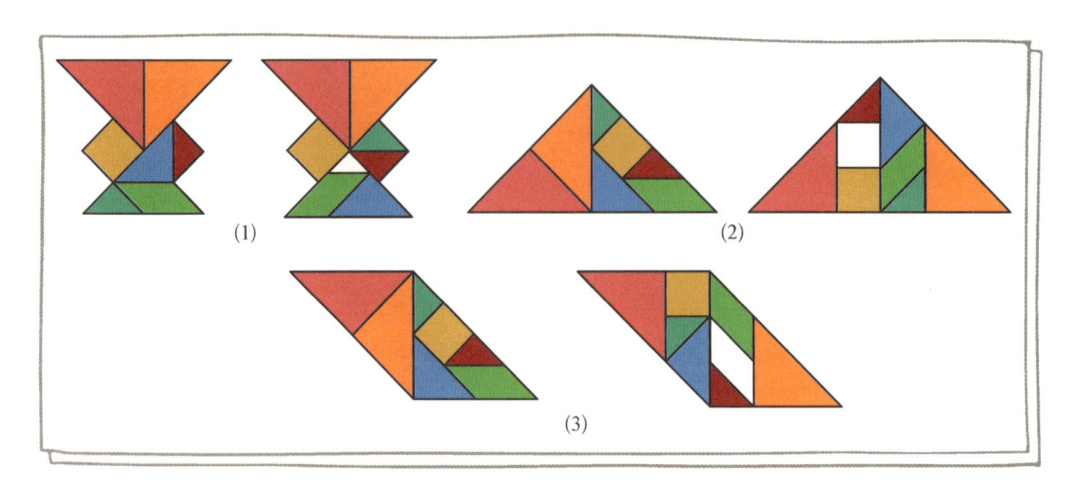

图 8-16

通过活动 1 我们认识到，我们的肉眼有时也会欺骗我们，因此不能太过于相信自己的直觉，要探寻真相，还需进行严格的证明与推理。

活动 2　用七巧板拼凸多边形

我们知道，用一副七巧板可以拼一个正方形，也可以拼一个矩形。但是除了正方形和矩形之外，用一副七巧板还能拼出其他凸多边形吗？总共能拼出多少种不同形状的凸多边形呢？这个问题是于 20 世纪 30 年代由一位日本数学家提出的。如果我们只是漫无目的地拼，那么容易造成混淆和遗漏。反之，我们可以有条理、有逻辑地思考这个问题。下面是一些线索。

线索 1：用七巧板组成的凸多边形，边数最大不超过多少？

因为 n 条边的凸多边形的所有内角之和为 $(n-2)\times 180°$，而七巧板中的组块所能形成的最大角为 $135°$，因此我们可以得到不等式：$(n-2)\times 180°\leqslant n\times 135°$，解得 $n\leqslant 8$，所以七巧板组成的凸多边形，边数最大不会超过 8。这样一来就大大缩小了拼图的范围，在凸多边形中用七巧板只可能拼出三角形、四边形、五边形、六边形、七边形和八边形。

线索 2：用七巧板组成的不同边数的凸多边形的内角，分别存在哪些可能性？我们以六边形为例，六边形的内角和为 $720°$，而七巧板拼出的凸多边形的内角只有 $45°$、$90°$ 和 $135°$ 三种可能性，所以这 6 个角只能是 $45°$ 或 $90°$ 或 $135°$，且六个角之和为 $720°$，那么经尝试只有两种可能性：① 4 个 $135°$ 角和 2 个 $90°$ 角；② 5 个 $135°$ 角和 1 个 $45°$ 角。

线索3：结合不同边数的凸多边形的内角可能性，动手拼一拼，将每种边数可拼出的凸多边形数量填写在表8-1中。并思考：(1) 是否上述每种边数的凸多边形都可拼？(2) 每种内角组合只能拼出一种凸多边形吗？

表8-1 七巧板拼成的凸多边形的内角组合

边　数	内角的可能组合	数量/个
3		
4		
5		
6	① 4个135°角和2个90°角； ② 5个135°角和1个45°角	2
7		
8		

经过上面一系列的计算推理与动手操作，你能得到最终的结果吗？或许我们在拼的过程中还是不可避免地发生遗漏，但是至少我们的拼法是有规律可循的。在20世纪40年代，来自浙江大学的两位学者王福春和熊全治采用了更为巧妙的方法解决了这一问题。他们先把七巧板分成16个全等的小等腰直角三角形，并将它们称为基本三角形。再用这16个基本三角形拼出所有可能形成的凸多边形，最后从中除去不能由七巧板形成的那些凸多边形，得到由七巧板能拼成的凸多边形总共有13个(图8-17)。

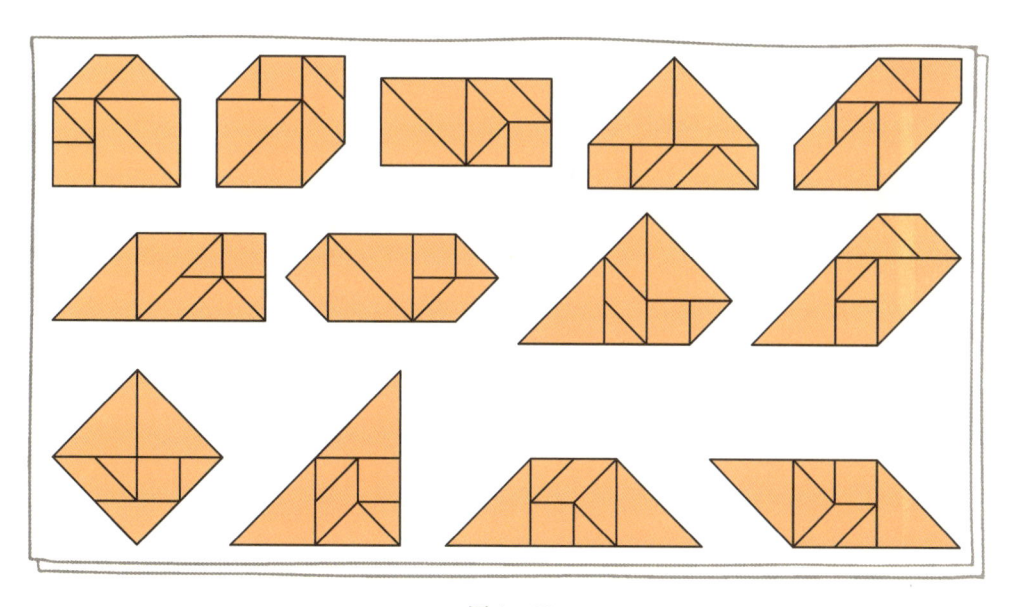

图8-17

接下来，他们将这一几何问题化作了代数方程去求解，最终巧妙解决了这样一个看似不难但其实并不容易的问题，相关的论文《关于七巧板的一个定理》发表于《美国数学月刊》1942年的第49卷。

七巧板自发明以来，受到了无数人的青睐。清朝以后，七巧板流传到海外，经过发展、改造，又产生诸多变化。本专题我们所讨论的内容，只是七巧板的"冰山一角"，若想了解更多七巧板的故事，还需同学们进一步自主探索。

9 中国匠人智慧的结晶：拱桥

> 成长至今，你走过多少座桥？自古以来，桥是文人墨客的创作灵感之源，是人类最伟大的创造之一，它蕴含着建筑美、数学美、绘画美、文学美……可以说，古今众多"拱桥"是中华传统数学文化的完美体现。

一 追根与溯源：形形色色的拱桥

从古至今，中国有许多著名的拱桥，这里先举几个例子，让我们对拱桥有一个大概的认识。

1 赵州桥

赵州桥(图9-1)坐落于河北省赵县洨河上，建于隋代(605—618)，由中国第一位桥梁专家李春建造。因赵县古称赵州而得名，后由宋哲宗赵煦赐名安济桥，并以之为正名。横亘赵县境内的"巨川"洨河对交通造成严重阻碍，于是能工巧匠李春受命负责设计这座大石桥。这座屹立了1400多年的石桥，犹如一首千古绝唱，历久弥坚。

图9-1

2 三江风雨桥

三江风雨桥(图9-2)位于广西柳州市三江侗族自治县的寻江上，始建于1916年，后又重新修建。三江风雨桥共有 7 个桥亭,其长度和规模均为世界之最,堪称世界第一风雨桥。

  风雨桥又称花桥、福桥,是一种融桥、廊、亭三者为一体的桥梁建筑,是侗族建筑艺术的三大瑰宝之一。风雨桥上的亭阁均为奇数层(一般为 3 层、5 层或 7 层),而外形多为偶数面(多为 4 面或 8 面)。这些结构来自侗族人民对数字的阐释,他们认为奇数代表阳性,偶数代表阴性,奇偶交错就代表阴阳相济。

图 9-2

3 卢沟桥

  卢沟桥(图 9-3),是迄今为止保存最完整的十一孔联拱石桥。全长 266.5 m,总宽 9.3 m,11 个大小、跨径、高度各不相等的桥孔作为圆弧拱券,跨径设计呈两岸小、中间大的趋势。另外,桥面上的石狮子也是卢沟桥的特色之一,"卢沟桥的狮子——数不清"已成为家喻户晓的歇后语。

图 9-3

二　数学与文化：揭开拱桥之谜

同学们，你们是否想过，为什么拱桥要设计成弯曲的形状？弯曲的程度有什么讲究吗？下面，我们以屹立千年的赵州桥为例，一起揭开拱桥之谜。

赵州桥长 64.40 m，跨径 37.02 m，拱高 7.23 m，拱高和跨径的比例大约是 1 比 5。赵州桥用单孔石拱跨越洨河，由于没有桥墩，既增加了排水功能，又方便船只往来。桥高比拱弧的半径要小得多，整个桥身只是圆弧的一段，这样的拱，也叫作"坦拱"。

如图 9-4 所示，$\overset{\frown}{AB}$ 所在圆的半径要比 $\overset{\frown}{AB}$ 的弓高大很多，这样桥面所在的圆半径就更大，桥面所在弧对应的圆心角也更小。以此为拱桥的承重结构，可使在相同跨度情况下，大幅度地降低桥梁高度，使得桥面更加平缓，便于通行。

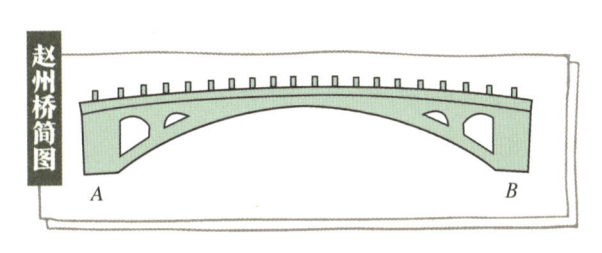

图 9-4

如图 9-5 所示是拱脚的简图，我们可以发现若拱脚的仰角 α 设计得太小，则拱脚对拱座的水平推力就会过大，不利于基础的水平稳定；若拱脚的仰角 α 设计得太大，则拱脚对基础的水平推力就会变小，但此时拱高就会增大，桥面变陡，不利于通行。计算可知，当拱脚的仰角 α 为 40°时，基底综合摩擦角为 50°，此时桥的安全系数最佳，而这恰好是赵州桥的拱脚的仰角度数，可见这座石拱桥的设计充满着隋代石匠的智慧。

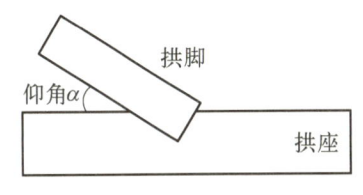

图 9-5　拱脚简图

顺便提一下，这优美的曲拱，其实是用一块块平直的石板构造而成的，你可能会问，平直的石板怎么会铺成一个圆弧曲拱呢？其中闪耀着数学直中有曲、化曲为直的思想光芒。

三　实践出真知：教材与数学试题中的拱桥

1 教材中的拱桥

2013 年版浙教版数学教材九年级上册第三章第 3 节"垂径定理"就借赵州桥引入，并据此探索垂径定理。

例1 我国历史上著名的赵州桥建于隋大业(605—618)年间,桥长64.40 m,是现存世界上跨径最大、建造最早的单孔敞肩型石拱桥。你知道怎样确定桥拱圆弧的半径吗？

[分析] 如图9-6所示,由于赵州桥是圆弧的一小部分,我们可以先设其所在圆的圆心为O,半径为R m。因为C为$\overset{\frown}{AB}$的中点,CO为半径,依据垂径定理的逆定理可知CO垂直平分AB,由题意,得$AB=37.02$ m,$CD=7.23$ m,所以$AD=\frac{1}{2}AB=18.51$ m,$OD=OC-CD=(R-7.23)$ m。在Rt△OAD中,$OA^2=AD^2+OD^2$,即$R^2=18.51^2+(R-7.23)^2$,解方程得$R\approx 27.31$。解决这一问题的关键,是根据实物画出几何图形,将具体转化成抽象,相信看到抽象图形的你能快速结合圆的知识去完成任务。当我们得出桥拱所在圆的半径时,可知赵州桥之所以能如此平缓,正是因为它所在的圆十分巨大。

图9-6

2 数学试题中的拱桥

拱桥作为圆的教学素材,也能在数学题中找到它的影子,例如2022年浙江温州九年级期末卷中的一道题。

例2(2022·浙江温州期末) 图9-7是一个圆形桥拱的示意图,测得水面宽$AB=16$ m,拱顶离水面的距离$CD=4$ m。如图9-8所示,一艘货船露出水面部分的横截面为矩形$EFGH$,测得$EF=3$ m,$EH=10$ m。因水深足够,货船可以根据需要运载货物。据调查,船身下降的高度y(m)与货船增加的载质量x(t)满足函数关系式$y=\frac{1}{100}x$。

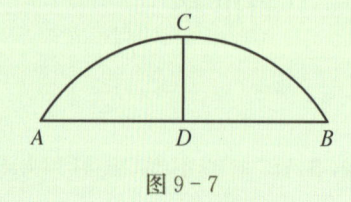

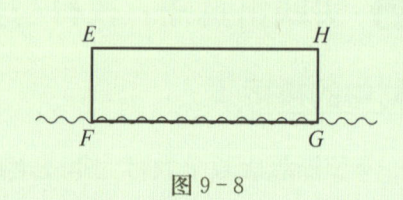

图9-7

图9-8

请你完成表9-1中的任务。

表 9-1 设计货船通过圆形拱桥的方案

任务1：确定拱桥半径	求圆形拱桥的半径
任务2：拟定设计方案	根据计算，判定货船能否通过圆形拱桥？若能，最多还能卸载多少吨货物？若不能，至少要增加多少吨货物才能通过？

[分析] 相较于教材中的例题，这里增加了两次垂径定理的使用，及一次反比例函数关系的转化。任务1，如图9-9所示，构造 Rt△ADO，根据垂径定理，得到 $AD=\frac{1}{2}AB=8$ m。根据勾股定理列式：$(r-4)^2+8^2=r^2$，求得拱桥的半径 r 为10 m；任务2，再次利用垂径定理，得到 $EM=\frac{1}{2}EH=5$ m。在 Rt△EMO 中，根据勾股定理列方程，求解出 MO，继而得到 MD。后续便是先结合实际情境，判断货船能否通过圆形拱桥，再借助反比例函数求解出货船需要增加货物的质量。

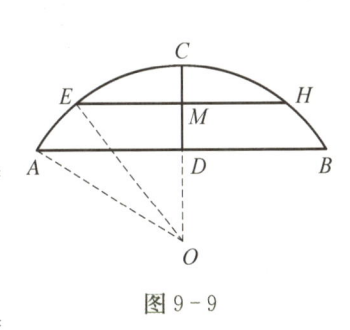

图 9-9

圆形拱桥既是数学文化，也是同学们学习数学不可多得的素材，当我们结合数学知识去解决现实问题时，一方面需要将情景抽象化，另一方面也需要将抽象的数学结论具象化，感受数学在生活中的实际价值。

四 应用与拓展：多姿多彩的"桥"

除了拱桥以外，我国还有各种各样的桥梁结构，比如梁桥、悬索桥、斜拉桥、钢构桥等，不同的桥有着不同的结构特点，这里对其中几种桥作简要介绍。

1 梁桥

梁桥是以梁为主要承重构件的桥，是最常见的一种桥梁形式，独木桥就是一种最原始的梁桥。

在我国，梁桥的代表是福建晋江安海镇的安平桥(图9-10)，因安海镇古称安平道而得名；安平桥始建于1138年，全长约2.5 km，故又称五里桥，并享有"天下无桥长此桥"之誉。

安平桥

图 9-10

2 悬索桥

悬索桥,又名吊桥,其悬索的形状可近似成抛物线(其准确的数学名称为**悬链线**)。悬索桥是特大跨径桥梁的主要形式之一,它比较灵活,更适合大风和地震区的需要。

悬索桥的历史非常古老。婆罗洲、老挝、爪哇等热带原始地区的藤竹桥,是早期悬索桥的雏形。而具有文字记载的悬索桥雏形,最早的可能出现在中国。早在公元前 3 世纪,在中国四川境内就修建了"筰"(zuó,竹索桥)。

在中国当代的悬索桥中,最具特色的要数湘西德夯大峡谷之上的矮寨大桥了(图 9-11),它全长 1 779 m,桥面的垂直高度达到了 355 m。由于山高坡陡,地势险峭,

矮寨大桥

图 9-11

因而施工难度在国际建桥史上十分罕见。

值得一提的是,由于其独特的结构特点,悬索桥在低风速下可能出现涡振现象,此时桥上的人和车会感受到晃动,而这在一定范围内是正常的。例如 2020 年东莞的虎门大桥就曾出现抖动,路面像波浪一样起伏。

3 斜拉桥

和悬索桥类似的一种特大跨径桥梁叫作斜拉桥。斜拉桥一般有独塔、双塔和三塔式,塔型主要有 H 形、倒 Y 形、A 形、钻石形等。相比可能出现晃动的悬索桥,斜拉桥在力学上属于高次超静定结构,其稳固性要好得多。

在世界斜拉桥列表上,跨度最长的 10 座斜拉桥中,中国占了 7 座,其中沪苏通长江公铁大桥(图 9-12)主跨 1 092 m,仅次于俄罗斯的跨东博斯鲁斯海峡大桥。

图 9-12

在这个专题中,我们行走在拱桥上,了解了它们背后蕴含的传统数学文化,还领略了我国各式各样的桥梁的风采。这些人类创造的奇迹缩短了人与人之间的距离,让经济和文化得以更好地发展。感兴趣的同学们可以进一步探索桥梁背后的数学和力学原理。

10 从规矩到尺规作图：规与矩中的数学

> 俗话说，"没有规矩，不成方圆。"它告诉我们在生活中做任何事都要遵守一定的规则。在中国古代，"规"是画圆的工具，"矩"是画直线的工具。那么这两种绘制工具的组合"规矩"为什么会演化为"规则"的意思呢？它们的背后又和数学有着哪些联系呢？让我们一起来一探究竟。

一 追根与溯源：中国传统文化中的"规"与"矩"

中国汉字源远流长，历经几千年的变迁。从结绳记事到仓颉造字，从象形文字到"篆隶草楷行"，无一不显示出中华文化的瑰丽与璀璨。

首先让我们来看看"规"字，它由"夫"和"见"两字组成，本义为画圆的器具。"夫"字(图10-1)像一个站立的人，本义为成年男子，后引申为从事体力劳动的人。"见"字(图10-2)在甲骨文中强调了眼睛的功能，本义为看见、看到。"规"字作为一个整体就可以表示人的行为会被看见，引申为做事需合乎法度、受人监督。之后，充满智慧的劳动人民又将"规"字的含义进行拓展、延伸，从画圆的工具演变为法度、规则、规矩等。

然后让我们一起来探索"矩"字的由来。"矩"的本义为曲尺，是古时劳动人民用来画直角和方形的工具。"矩"的演变过程和"规"不太一样，它原本只写作"巨"，现由"矢"和"巨"构成。"矢"字(图10-3)形如箭，既象征着正直、端正，同时也作为直线长度的基本单位。"巨"字(图10-4)像人拿着一把尺子进行测量，象征着公平、公正、不偏不倚。由此，我们便可以知道"矩"字表示测量事物的长短，并被引申为法则、规则。"不逾矩""循规蹈矩""没有规矩，不成方圆"便是最常见的例子。

图10-1　甲骨文"夫"

图10-2　甲骨文"见"

图10-3　甲骨文"矢"

图10-4　金文"巨"或"矩"

除了汉字本身反映的特点，古书中也有不少关于"规矩"的记载。比如《史记》在有关大禹治水的记载中，就多次出现了"左准绳，右规矩"。此外，《周髀算经》的开篇中，周公和商高的对话里也有相关的描述。周公问商高："请问古者包牺（伏羲）立周天①历度，夫天不可阶而升，地不可得尺寸而度。请问数安从出？"商高曰："数之法出于圆方，圆出于方，方出于矩……"

这段话翻译过来的意思是，周公问商高："请问古时伏羲作天文测量，确定历法时，天没有台阶，人们无法登上去，土地广袤也不可以一尺一寸地去度量，那涉及的这些数是从哪来的呢？"商高回答道："这些数是由圆和正方形推导出来的，圆的大小可以通过（外接）正方形来度量。正方形的大小则可以通过矩尺来度量②。"

这段对话借商高之口，讲述了伏羲是如何使用矩尺来丈量天地和建立历法的，故事还点明了任何事物可以转化为对圆、方、矩的度量。这种将抽象的问题转化为对"圆"和"方"的计算，反映了中国古代将矩与数结合起来，便可以设计天下万物的数学思想。

二 数学与文化：规与矩中的数学

那么，蕴含着浓厚文化底蕴的"规"与"矩"，又是如何在数学中大放异彩的呢？

《周髀算经》简明扼要地阐述了"矩"在数学上的作用："平矩以正绳，偃（yǎn）矩以望高，覆矩以测深，引矩以知远，环矩以为圆，合矩以为方。"

"平矩以正绳"，即把矩的一边水平放置，另一边靠在一条铅垂线上，就可以判断绳子是否垂直于地面；

"偃矩以望高"，即把矩的一边仰着放平，就可以测量高度（图 10-5）；

"覆矩以测深"，即把（测高的）矩颠倒过来，就可以测量深度（图 10-6）；

"引矩以知远"，即把矩水平放置，就可以测出两地间的距离（图 10-7）；

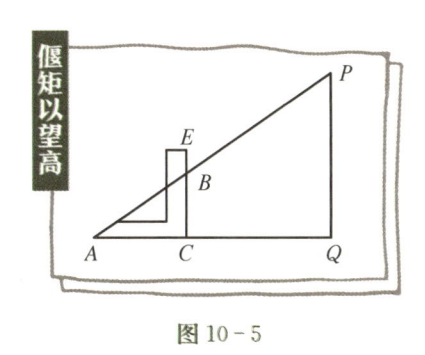

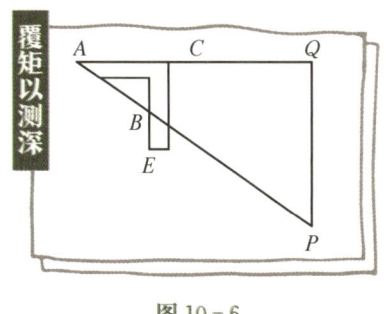

图 10-5

图 10-6

---

① 古人认为日月星辰组成的"天球"不停地围绕地球旋转，"天球"旋转 360°的时间即一周天。
② 对这段话的翻译说法不一，尚无定论。

图 10-7　　　　　　　　　图 10-8

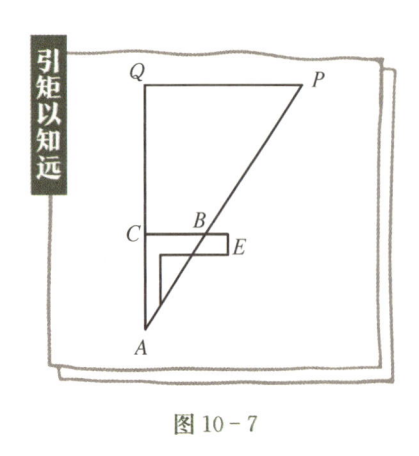

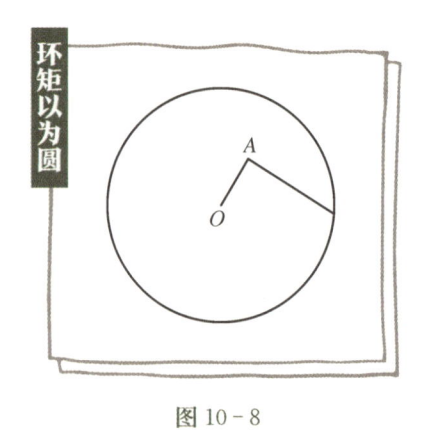

"环矩以为圆",即把矩尺绕一端点旋转一圈,其另一端的轨迹为圆(如图 10-8 所示,与现代圆规的用法相类似);

"合矩以为方",即把两把矩尺合二为一,便可拼出长方形。

这段文字说明了利用矩的不同摆放,并根据对应边成比例的特点,可以测量远处物体的高度、深度、距离。最后还阐述了如何利用矩绘制圆形及长方形的问题。上述利用矩作图的问题牵扯出一个数学史上东西方都有所研究的领域——尺规作图。

比起中国古代更重视"规矩"的实用研究,西方几何学则更侧重于成体系地总结"尺规"如何作图,即**尺规作图**。所谓尺规作图,即在有限次数之内,使用无刻度的直尺与圆规,来解决平面中的几何问题。在尺规作图问题中,最有影响的是古希腊的三个几何问题,看似简单,却让当时许多数学家绞尽脑汁也无法证明。它们就是三等分角问题、倍立方问题和化圆为方问题。

在对尺规作图的研究不断深入的同时,人们又提出了一些新的很有意思的问题:如果只有圆规,那么能否作出这些图?如果圆规生锈了,两脚的夹脚无法变化了,只能画出固定大小的圆,那么用这样的圆规还能作出哪些图?如果只有一把无刻度的尺子,那么又能作出哪些图?数学家们对这些问题进行探索后,还产生了单规作图、锈规作图、单尺作图等研究成果。

此外,初中平面几何中的许多问题都可以转化为如何用直尺和圆规作图,我们不妨把它们看成中国古代"规矩"思想的一种应用和推广。

三　实践出真知:中考题中的尺规作图

尺规作图是初中数学学习中的一项重要内容。《义务教育数学课程标准(2022 年版)》中还更新了关于尺规作图要求的相关内容,认为它对培养几何直观与推理能力有着无可替代的作用,尺规作图也频繁出现在近几年的中考题中。

例1(2022·浙江台州) 如图10-9所示,在△ABC中,AB=AC,以AB为直径的⊙O与BC交于点D,连接AD。

(1) 求证:BD=CD;

(2) 若⊙O与AC相切,求∠B的度数;

(3) 用无刻度的直尺和圆规作出劣弧$\overset{\frown}{AD}$的中点E(不写作法,保留作图痕迹)。

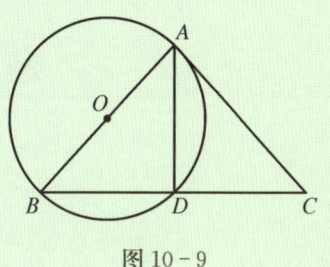

图10-9

[分析] 该题涉及等腰三角形、等腰直角三角形以及圆的相关知识,需要同学们学会融会贯通与综合运用。

第(1)小问要证明BD=CD,因为△ABC是等腰三角形,故只需证明AD⊥BC。根据直径所对的圆周角是直角,可知∠ADB=90°。于是运用等腰三角形三线合一即可证明。

第(2)小问,⊙O与AC相切,由切线的性质得出∠BAC=90°,即△ABC是等腰直角三角形,所以∠ABC=45°。

第(3)小问的尺规作图,有多种解题方法,例如作∠ABC的平分线交$\overset{\frown}{AD}$于点E,则点E即是劣弧$\overset{\frown}{AD}$的中点(图10-10)。

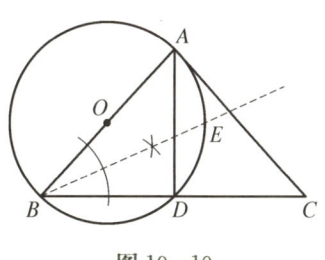

图10-10

本题的知识点包括垂径定理、圆心角及圆周角的性质,不仅考查同学们对于这些知识的掌握程度,也可锻炼和拓宽大家的思维,打破思维定式,让同学们在分析和解决作图问题的过程中,不断体会数学学习的方法,从而培育数学核心素养。

再来看看下面这道题。

例2(2022·江苏镇江) 已知AC是半圆O的直径,$\angle AOB = \left(\dfrac{180}{n}\right)°$($n$是正整数,且$n$不是3的倍数)是半圆O的一个圆心角。

【操作】如图10-11所示,分别将半圆O的圆心角$\angle AOB = \left(\dfrac{180}{n}\right)°$($n$取1、4、5、10)所对的弧三等分(要求:仅用圆规作图,不写作法,保留作图痕迹);

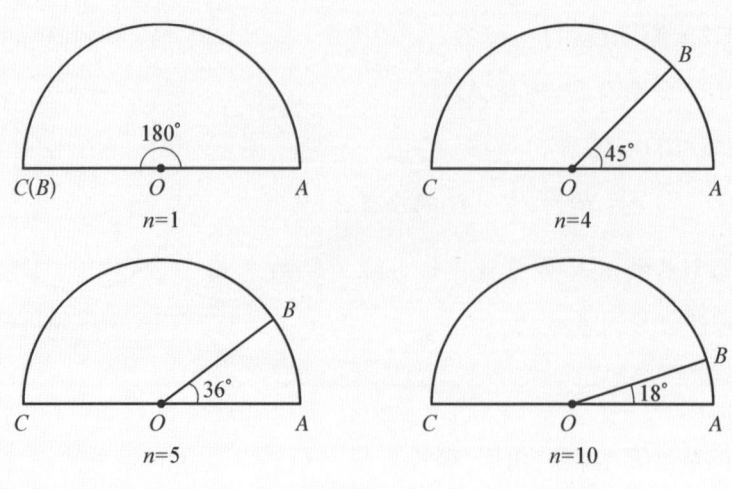

图 10-11

【交流】当 $n=11$ 时,可以仅用圆规将半圆 O 的圆心角 $\angle AOB = \left(\dfrac{180}{n}\right)^\circ$ 所对的弧三等分吗?

甲:从上面的操作中我发现,就是利用 60°、$\left(\dfrac{180}{11}\right)^\circ$ 所对的弧去找 $\left(\dfrac{180}{11}\right)^\circ$ 的三分之一即 $\left(\dfrac{60}{11}\right)^\circ$ 所对的弧。

乙:我发现了它们之间的数量关系是 $4 \times \left(\dfrac{180}{11}\right)^\circ - 60^\circ = \left(\dfrac{60}{11}\right)^\circ$。

甲:我再试试,当 $n=28$ 时,$\left(\dfrac{180}{28}\right)^\circ$、$60^\circ$、$\left(\dfrac{60}{28}\right)^\circ$ 之间存在数量关系_____

_____,因此可以仅用圆规将半圆 O 的圆心角 $\angle AOB = \left(\dfrac{180}{28}\right)^\circ$ 所对的弧三等分。

【探究】你认为当 n 满足什么条件时,就可以仅用圆规将半圆 O 的圆心角 $\angle AOB = \left(\dfrac{180}{n}\right)^\circ$ 所对的弧三等分?说说你的理由。

[分析] 这道尺规作图题,要求同学们仅使用圆规来探究弧的等分。根据圆的半径相等,我们容易在圆上构造 60° 的弧。随着 n 的取值由简单到复杂,从特殊到一般的尝试,我们可以在操作和实验中感受利用 60° 与已知度数的弧构造和差关系进而完成复杂的作图。解题步骤如下所示。

【操作】三等分点如图 10-12 所示。

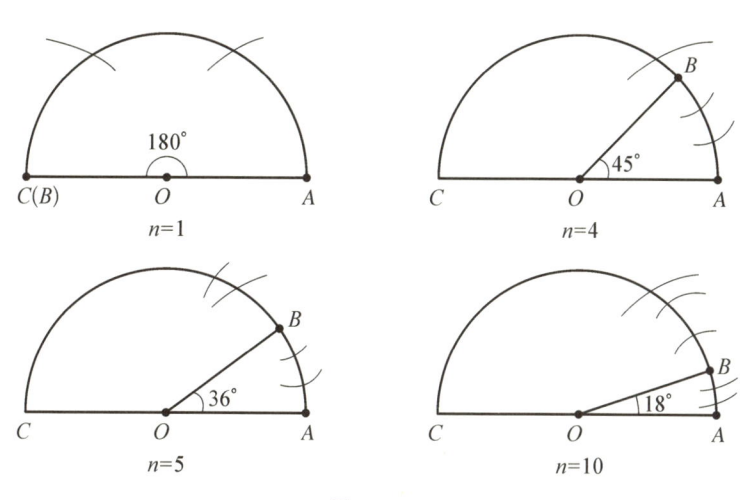

图 10-12

【交流】$60° - 9 \times \left(\frac{180}{28}\right)° = \left(\frac{60}{28}\right)°$。

【探究】设 $60° - K \cdot \left(\frac{180}{n}\right)° = \left(\frac{60}{n}\right)°$ 或 $K \cdot \left(\frac{180}{n}\right)° - 60° = \left(\frac{60}{n}\right)°$，解得 $n = 3K + 1$ 或 $n = 3K - 1$（K 为非负整数），又 $n \geqslant 1$，所以对于正整数 n（n 不是 3 的倍数），都可以用圆规将半圆 O 的圆心角 $\angle AOB = \left(\frac{180}{n}\right)°$ 所对的弧三等分。

2022 年的江苏扬州卷对尺规作图的要求则有所区别。

例 3（2022·江苏扬州）

【问题提出】如何用圆规和无刻度的直尺作一条直线或圆弧平分已知扇形的面积？

【初步尝试】如图 10-13 所示，已知扇形 OAB，试用圆规和无刻度的直尺过圆心 O 作一条直线，使扇形的面积被这条直线平分；

【问题联想】如图 10-14 所示，已知线段 MN，试用圆规和无刻度的直尺作一个以 MN 为斜边的等腰直角三角形 MNP；

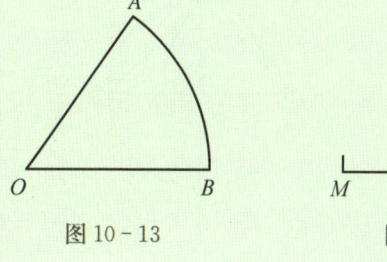

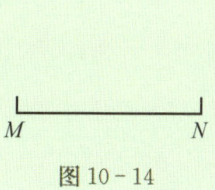

图 10-13　　图 10-14 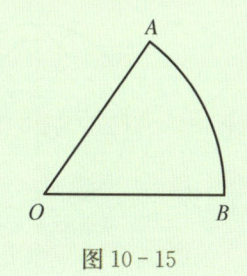　　图 10-15

【问题再解】如图 10-15 所示,已知扇形 OAB,试用圆规和无刻度的直尺作一个以点 O 为圆心的圆弧,使扇形的面积被这条圆弧平分。

(友情提醒:以上作图均不写作法,但需保留作图痕迹。)

[分析] 这道题涉及图形与几何领域中的扇形、线段、等腰直角三角形、圆等内容。在抛出总问题后,通过初步尝试、问题联想和问题再解三个子问题,将尺规作图问题层层深入。

在【初步尝试】中,要求同学们以一条直线平分扇形的面积,假设 $\angle AOB$ 为 $n°$,则扇形面积为 $\dfrac{n\pi R^2}{360}$,只需作出 $\dfrac{n°}{2}$ 即可。因此连接线段 AB,得到等腰三角形 AOB,根据等腰三角形三线合一,作线段 AB 的垂直平分线(图 10-16)就可以得到 $\dfrac{n°}{2}$。

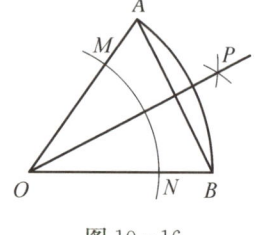

图 10-16

【问题联想】则进一步让同学们思考问题。MN 是斜边,所对角为直角,这与直径所对的圆周角为 90° 相契合,因此只要以 MN 的中点为圆心,$\dfrac{1}{2}MN$ 为半径画圆,该圆与 MN 中线的交点即是等腰直角三角形的顶点(图 10-17)。

【问题再解】与【初步尝试】不同,要求用一条圆弧平分扇形的面积。假设原扇形半径 OB 为 R,设扇形半径为 r,根据扇形的面积公式可得 $\dfrac{n\pi r^2}{360} : \dfrac{n\pi R^2}{360} = \dfrac{1}{2}$,即 $\dfrac{r}{R} = \dfrac{\sqrt{2}}{2}$,根据该数量关系,联想到以 OB 为斜边构造等腰直角三角形 OMB,OM 即为小扇形的半径。再以点 O 为圆心,OM 为半径画弧,交扇形于点 C、D,弧 CD 即为所求(图 10-18)。

图 10-17

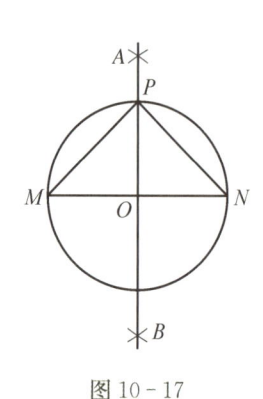

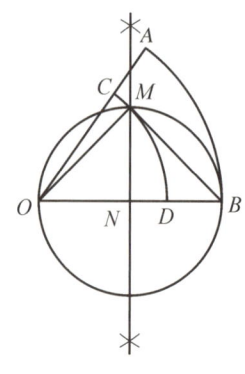

图 10-18

四　应用与拓展：从曲尺到网格尺规作图题

1　曲尺的刻度

中国古代衡量长度曾经有过一系列的标准，如谷物（自然物）、圭璧（人造物）、尺制等，有的随着时代变更逐渐消失，但尺制却得以沿用，曲尺便是其中一种度量工具。曲尺，又名矩尺、角尺、拐尺等，是木工最常用的测量工具之一。汉代以前，曲尺的两臂等长，没有刻度；汉代以后，曲尺两臂一长一短，并且出现了刻度，更方便持握操作和查读数据，由此逐渐演变为几何测算工具。

曲尺主要用来测量直角、画垂线和平行线，并可检验刨削后的木材等结构是否垂直、构件表面是否平直。后世传说曲尺是由鲁班发明的，因此曲尺也被称为鲁班尺。

曲尺由尺柄和尺梢构成，一般为木制，现今则多为金属材质。尺柄一般比尺梢更厚、更短，长度通常为尺梢的 60%。明代的《鲁班经》中就描述了曲尺的刻度及基本用途（图 10-19）："曲尺者，有十寸[①]，一寸乃十分。凡遇起造经营，开门高低，长短度量，皆在此上。"

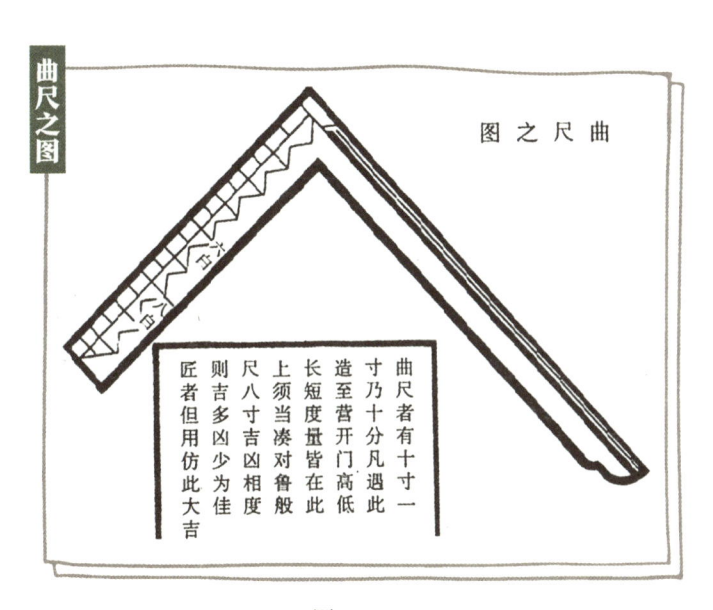

图 10-19

[①] 寸，古代长度计量单位，1 寸≈3.33 厘米。

2 中考数学中的网格尺规作图题

我们可以发现,曲尺的刻度与数学中的网格尺规作图题有异曲同工之妙!

例4(2022·天津) 如图10-20所示,在每个小正方形的边长为1的网格中,圆上的点A、B、C及$\angle DPF$的一边上的点E、F均在格子点上。

(1) 线段EF的长等于_____；

(2) 若点M、N分别在射线PD、PF上,满足$\angle MBN = 90°$,且$BM = BN$。试用无刻度的直尺,在如图所示的网格中,画出点M、N,并简要说明点M、N的位置是如何找到的。(不要求证明)

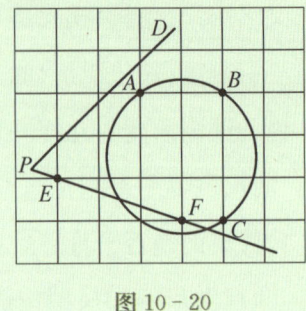

图10-20

[分析] 第一小题求网格中线段EF的长度,观察发现点E、F均在格点上(图10-20),可以通过格点三角形与勾股定理进行计算,得到$EF = \sqrt{10}$。

第二小题点M、N的位置未知,通过$\angle MBN = 90°$这一条件,可知$\angle MBN$是直径所对的圆周角。因此,解题的第一步是通过尺规作图寻找圆的圆心O。再由$BM = BN$,想到可以构造全等三角形。完整的作图过程如下。

如图10-21所示,连接AC,与网格线交于点O;取格点Q,连接QE,交射线PD于点M;连接BM,交$\odot O$于点G;连接GO并延长,交$\odot O$于点H;连接BH并延长,交射线PF于点N,则点M、N即为所求。

根据这个作图过程以及上面的分析,你能证明$BM = BN$吗?提示:先证明$\triangle BMQ \cong \triangle BNF$。

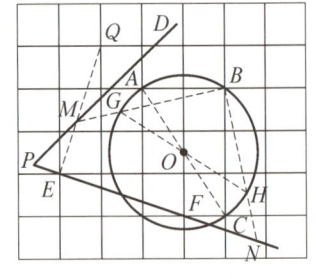

图10-21

本题的难点在于确定点M、N的位置,考查同学们对图形的性质、特征的综合运用以及对知识的融会贯通,同时对同学们的空间想象能力与逻辑推理能力提出了较高的要求。

在此专题中,我们探索了"规"与"矩"的前世今生,了解了"曲尺"的奥秘,实现了数学与文化的交融。无论是"规矩"还是"尺规",都是人类丈量宇宙的开端。我们弘扬中华优秀传统数学文化,牢记"心如规矩,志如尺衡",方能进退自如。

11　中国古代几何中的千古绝技：割圆术

提到圆周率，同学们都很熟悉，我们一般用希腊字母 π 来表示它。圆周率与圆的周长、面积直接相关，它最早是人们在制作圆形生产工具时，为了解决有关圆的计算问题而出现的。回顾数学史，可以说，这个简单的希腊字母见证了人类数学文明的发展，它甚至一度成为国家数学水平发展的重要标志，国内外的许多数学家都曾孜孜不倦地对其展开过研究。其中，我国的割圆术便是与之相关的一种伟大算法，它所包含的数学思想方法在数学的历史进程中曾掀起过狂潮巨浪。在圆周率的近似值中，魏晋时期数学家刘徽的"徽率"和南北朝时期数学家祖冲之的"祖率"都是采用这一方法得到的。那么，割圆术到底有什么神奇之处呢？

一　追根与溯源：割圆术的产生

在我国，有关圆周率的描述最早记载于 2 000 多年前的《周髀算经》。《周髀算经》中有"圆周径一而周三"，即直径与周长的比为 1∶3。根据圆周率的概念"圆周率是圆的周长与直径的比值"，可以推测出那时的人们认为圆周率的值是 3。再后来，人们就把"径一而周三"称为"古率"，相信当古人将古率运用于生活和生产时能够感知到它是比较粗略的。但在那时，具体多少不得而知。

我国历史上对圆周率的科学计算是从魏晋数学家刘徽创立割圆术开始的。割圆术，顾名思义，就是分割圆形的方法。刘徽在为《九章算术》（图 11-1）"方田"章中的圆田术作

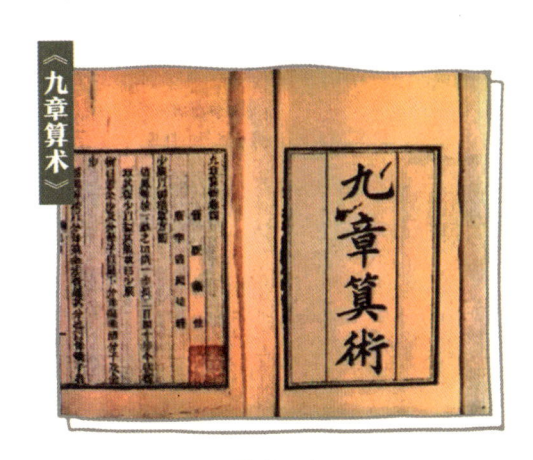

图 11-1

批注时，大胆地提出了这一方法，这才将圆周率的研究从经验算法推向科学的几何方法。

历史上是这样记载割圆术的："以六觚(gū)之一面乘半径，因而三之，得十二觚之幂。若又割之，次以十二觚之一面乘半径，因而六之，则得二十四觚之幂。"其中，"觚"是指正多边形，"面"是指正多边形的边，"幂"是指正多边形的面积。你能读懂刘徽的方法吗？

简单地说，就是在圆内先作一个内接正六边形，再作出圆的内接正十二边形，以同样的方法继续作圆的内接正二十四边形、正四十八边形等。随着所作图形的边数增多，圆的面积与正多边形的面积之差逐渐减小。试着想象一下，当圆内接正多边形的边数无限增加时，正多边形就无限接近于圆(图11-2)。这正好对应了刘徽对于割圆术的描述："割之弥细，所失弥少。割之又割，以至于不可割，则与圆周合体，而无所失矣。""割之又割，以至于不可割"所反映的正是数学中的极限思想。同时，他用"则与圆周合体，而无所失矣"指明了正多边形的面积的极限就是圆的面积，统一了有限与无限。

图 11-2

二　数学与文化：割圆术与圆周率

中国古代奉行着实用主义的价值观念，这一点也体现在数学上，例如刘徽与祖冲之对割圆术的应用均重视算法的表达。

1 割圆术与徽率

割圆术最初是刘徽为了计算圆面积而发明的，计算圆周率只是其研究过程中的一个"副产品"。那么，他是如何利用割圆术找到当时世界上最精确的圆周率的呢？下面，我们以圆的内接正十二边形为例一起探究刘徽的徽率。根据圆周率的概念，将圆近似地看成一个正十二边形，那么就可以通过计算正十二边形的周长与直径的比值，或者面积与半径比值的平方来求出 π 的值。

如图 11-3 所示,画出半径为 1 的 ⊙O,在其中依次画出 ⊙O 的内接正六边形和内接十二边形。

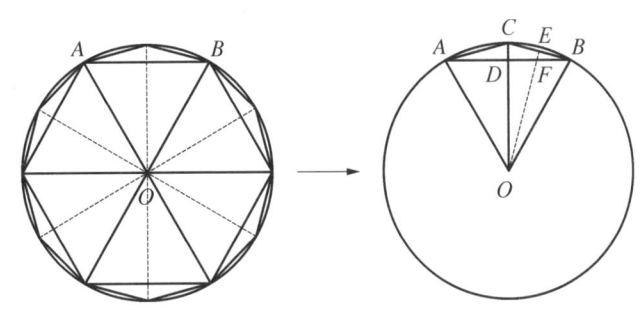

图 11-3

过点 O 作 $OE \perp CB$ 于点 E,交 AB 于点 F,OC 与 AB 交于点 D。

根据正六边形的性质可知,△AOB 为等边三角形,OC 是 AB 的垂直平分线,OE 是 CB 的垂直平分线。

因为 AB 是正六边形的一条边,又半径 $AO=1$,所以 $AB=AO=1$,$AD=0.5$。

因为△AOD 为直角三角形,所以 $DO^2=AO^2-AD^2$,所以 $DO\approx 0.866$,$DC=OC-DO\approx 0.134$。

又因为△ACD 为直角三角形,所以 $AC^2=DC^2+AD^2$,即 $AC^2\approx 0.018+0.25=0.268$,所以 $AC\approx 0.5177$,即正十二边形周长$=12AC\approx 12\times 0.5177=6.2124$。那么 π 约等于正十二边形周长与直径的比值,即 $\pi\approx 6.2124\div 2=3.1062$。

除了以上这样通过计算周长来算 π,还可以把 $S_{圆}$ 近似地计算为 $S_{正十二边形}$ 来求 π。

易知,$S_{\triangle AOC}=\dfrac{1}{2}AD\cdot CO=0.25$,所以 $S_{正十二边形}=12S_{\triangle AOC}\approx 12\times 0.25=3$。把 $S_{正十二边形}$ 近似看成 $S_{圆}$ 来计算 π 值,那么 π 约等于 $S_{正十二边形}$ 与半径平方的比值,即 $\pi\approx 3\div 1^2=3$。

以上,我们通过圆内接十二边形的周长和面积计算出了 π 的两个近似值[①]。通过这个例子,你对利用割圆术求圆周率的方法是否有更深刻的理解呢?

现在回到 1 700 年前,已经读懂割圆术的你能否帮助古人计算出更精确的圆周率呢?请你用计算器,借助古人智慧尝试计算圆内接正 24 边形的相关数值并算出 π 的近似值(表 11-1)。

---

① 可以看出,用周长得到的圆周率比用面积得到的圆周率更精确一些,实际上前者恰好快一步,即用 $2n$ 边形($n=3,6,9,\cdots$)的面积估算出的圆周率和用 n 边形的周长估算出的圆周率相同。

表 11-1 用圆的不同内接多边形计算 π 值（结果保留八位小数）

内接正多边形的边数/条	正多边形的边长	正多边形的周长	π 值
6	1.000 000 00	6.000 000 00	3.000 000 00
12	0.517 638 09	6.211 657 08	3.105 828 54
24	（ ）	（ ）	（ ）
48	0.130 806 26	6.278 700 41	3.139 350 21
96	0.065 438 17	6.282 063 96	3.141 031 98
192	0.032 723 46	6.282 905 10	3.141 452 55
384	0.016 362 28	6.283 115 44	3.141 557 72
…	…	…	…

你的计算还顺利吗？数学的探究从来不是一蹴而就的。刚开始，刘徽算到了圆内接正 192 边形，得到的圆周率精确到小数点后两位，即 π≈3.14。后来，刘徽利用铜制体积度量衡标准"嘉量"（图 11-4）的直径和容积进行检验，发现 3.14 偏小。最终，他在不懈努力下算到了圆内接正 3 072 边形，得到了令自己满意的近似值 $3.141\ 6\left(=\dfrac{3\ 927}{1\ 250}\right)$。

图 11-4

你是不是对刘徽非常佩服呢？要知道我们匆匆了解的这一段数学史，是刘徽炽热的一生所求。虽然他只是为古籍作批注，但是他严谨的态度、对错误观点的大胆批判让中国古代数学文化充满生命力地展现在我们眼前，让《九章算术》成为中国数学发展史上的一座里程碑。

在这个过程中，我们除了能看到刘徽对数学的热爱，还可以看到他超前的数学思想。他对圆进行"割之又割，以至于不可割"，这个过程蕴含着重要的极限思想。另外，从我们前面对割圆术和徽率的探究过程来看,这一方法具有很强的可操作性和直观性。可以毫不夸张地说,在数学发展的进程中,刘徽的创造是人类智慧的星光时刻,承载着人类文明的辉煌。

现如今,刘徽的《九章算术注》已经成为世界科学名著。2021年,为了纪念刘徽,国际天文学联合会在为中国嫦娥五号降落地点附近的月球地貌命名时,将"Liu Hui"作为八个地貌地名之一。

2 割圆术与祖率

到了南北朝时期,数学家祖冲之(429—500)和他的儿子祖暅(gèng)继承了刘徽的思想,取直径为一丈的圆进行割圆,直至圆内接正24 576边形,计算得到了圆周率在3.141 592 6与3.141 592 7之间,他们首次将圆周率精确到小数点后第七位,这是当时世界上最精确的纪录。相比之下,在1 100多年后的1593年,法国数学家韦达才超过这一纪录。或许是留下痕迹远比创造历史更难,记录这个算法的《缀术》一书已经失传了。后人在研究史料的时候对他精密的计算感到佩服的同时多了一份好奇,但我们只能根据当时的文明发展的程度来进行推测。

三 实践出真知:中考题中的割圆术

数学文化一直是各地区中考和高考的热门话题,与赵爽弦图在中考题中的频繁出现类似,割圆术近年来也多次出现在试卷中。下面,一起看一看数学中考中与之相关的几道题。

例1(2019·湖北孝感) 刘徽是我国魏晋时期卓越的数学家,他在《九章算术注》中提出了割圆术,利用圆的内接正多边形逐步逼近圆来近似计算圆的面积,如图11-5所示,若用圆的内接正十二边形的面积 S_1 来近似估计⊙O的面积S,设⊙O的半径为1,则$S-S_1 = $ _____。

图11-5

[分析] 如图11-6所示,过点A作$AC \perp OB$,垂足为C。

因为⊙O的半径为1,所以⊙O的面积$S=\pi$,$OA=OB=1$。

所以圆的内接正十二边形的中心角为$\angle AOB=\dfrac{360°}{12}=30°$,所以$AC=\dfrac{1}{2}$,所以$S_{\triangle AOB}=\dfrac{1}{2}OB\cdot AC=\dfrac{1}{4}$。

所以圆的内接正十二边形的面积$S_1=12S_{\triangle AOB}=3$,所以$S-S_1=\pi-3$,故答案为$\pi-3$。

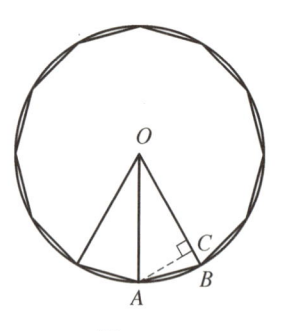

图11-6

例2(2023·福建) 我国魏晋时期数学家刘徽在《九章算术注》中提到了著名的割圆术,即利用圆的内接正多边形逼近圆的方法来近似估算,指出:"割之弥细,所失弥少。割之又割,以至于不可割,则与圆周合体,而无所失矣。"割圆术孕育了微积分思想,他用这种思想得到了圆周率π的近似值为3.1416。如图11-7所示,⊙O的半径为1,运用割圆术,以圆内接正六边形的面积近似估计⊙O的面积,可得π的估计值为$\dfrac{3\sqrt{3}}{2}$,若用圆内接正十二边形作近似估计,可得π的估计值为( )。

A. $\sqrt{3}$ B. $2\sqrt{2}$ C. 3   D. $2\sqrt{3}$

图11-7

[分析] 如图11-8所示,易得$\angle A_1OA_2=30°$,所以$S_{\triangle A_1OA_2}=\dfrac{1}{4}$。

所以$S_{圆}=\pi\cdot 1^2\approx\dfrac{1}{4}\cdot 12=3$,所以$\pi\approx 3$,答案选C。

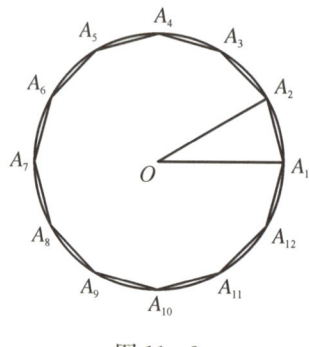

图11-8

四 应用与拓展：从割圆术到圆周率

1 割圆术中的数学思想

不同时期，不同国家的数学家在数学方面思考的方向和深度是不同的。刘徽发明的割圆术是人们对几何的认知的一个跨越，其精髓不仅体现在数学方法的使用上，更体现在数学思想上。

(1) 割圆术中的"化归思想"

刘徽认为"事类相推，各有攸归。故枝条虽分而同本干者，知发其一端而已"，意思是数学方法和理论虽然多种多样，但它们之间是相互联系的，我们可以触类旁通。割圆术可以对面积进行无穷细的分割，因此是"化归思想"的最好体现。"曲"和"直"看似是对立的概念，其实也有相通之处。刘徽将几何图形的"曲"化"直"，给了数学界一种科学有效的计算方法，后又通过不断切割，使得直边图形的面积接近于圆的面积。从圆到方，从几何到代数，从复杂到简单，这种化归思想既是方法上的转换，也是思维上的飞跃，对后世的数学家们产生了深远的影响。

(2) 割圆术中的"极限思想"

割圆术蕴含着丰富的数学思想，而极限思想是其中最为重要的思想之一，并贯穿始终。首先，这表现在它把圆进行了无穷小的分割，在无穷小的分割后，圆的内接正多边形周长就是圆周长；其次，在割圆术中，曲线被视为由无穷多的小的直边所组成，"以直代曲"就是我们现在所说的积分思想；最后，随着圆被分割的次数的增加，所计算的圆内接正多边形的面积便会更加接近圆。这说明了他能从事物中找到变化的趋势，对变化趋势的思考就是极限思想的起点。

极限思想在日常生活中有着广泛的应用，比如我们常常从无穷大或无穷小的角度去解决实际的问题。下面我们就通过一些例子来感悟割圆术中所蕴含的极限思想。

① 在剪纸活动中感悟极限思想

a. 对折两次剪一刀成正方形：先把一张 A4 纸对折两次，形成一个交点，即中心点，再在与中心点相连的两条边上截取相等长度并剪开，展开后发现是一个正方形，由 4 个等腰三角形组成(图 11-9)。

b. 对折三次剪一刀成正八边形：换一张纸，把纸在对折两次的基础上过中心点再对折，在中心点的两条邻边上截取相等长度并剪开，展开后发现是一个正八边形(图 11-10)。

图 11-9

图 11-10

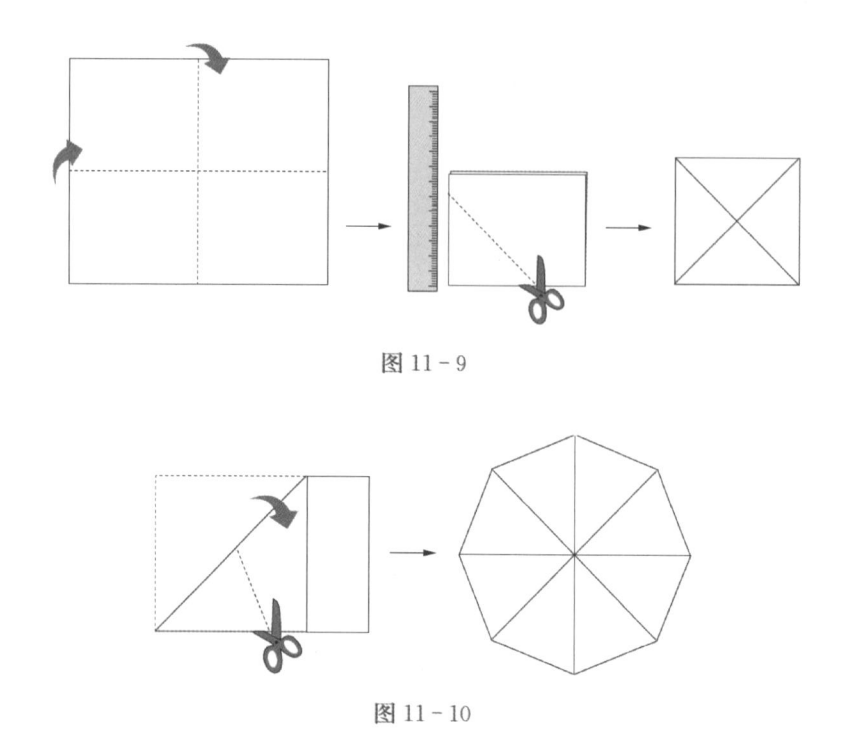

c. 按照这样的方法将纸对折四次、五次……并剪开,能得到什么图形?

d. 观察剪出的正多边形发生了什么变化,并猜测当纸对折的次数足够多(假设物理上可以实现),正多边形会趋近于什么形状。

可以发现,每对折一次,剪出的正多边形的边数就增加一倍,边长也越来越短,图形越来越接近圆。当边长趋于无限小时,正多边形就无限接近圆。

② 在古代文学中感悟极限思想

极限思想在中国自古有之,不过古代的极限思想更多的是一种朴素的直观,许多文学作品中都用生动的语言描述了一个极限过程,我们来感受一下。

早在春秋战国时代,《庄子·天下》中就有这样一句话:"一尺之棰,日取其半,万世不竭。"意思是,一尺长的一根木棒,如果每天截下一半,永远都截不完,这样的过程可以无限地进行下去。这与割圆术的描述"割之又割"有异曲同工之妙。把木棒每天截下部分的长度列出,如表 11-2 所示。

表 11-2 木棒每天截下部分的长度

长度/尺	第1天	第2天	第3天	…	第 n 天	…
	$\frac{1}{2}$	$\frac{1}{2^2}$	$\frac{1}{2^3}$	…	$\frac{1}{2^n}$	…

随着分割次数的增加,木棒的长度将会逐渐变短,长度逐渐接近于零,但又永远不会等于零。不难看出,第 n 天木棒截下的长度随着 n 的无限增大无限地接近于 0。这个例子是现代微积分学习中"无穷小量"的实际例子,如同割圆术中"以至于不可割"的三角形。

《墨子·经下》写道:"非半弗斫①,则不动,说在端。"意思是说,一条线段从中点分为两半,取其一半再破成两半,仍取一半继续分割,直到不可分割时就只剩下一个端点。除此之外,先秦荀子的《劝学》中也有"不积跬步,无以至千里;不积小流,无以成江海","骐骥一跃,不能十步;驽马十驾,功在不舍。锲而舍之,朽木不折;锲而不舍,金石可镂"。这些表述都蕴含了朴素、直观的极限思想,可见古代的数学思想其实"很现代"。

2 阿基米德的穷竭法

自古至今,每一位数学家所作出的大大小小的贡献汇聚成一条数学历史的长河。就计算圆周率而言,这是数学家们横跨了几千年的研究,不同的方法因其所在的不同时期及不同的文化背景而产生。其中,阿基米德的穷竭法在数学史上也举足轻重。在《圆的度量》一书中,阿基米德(Archimedes,前287—前212)先从单位圆(在平面直角坐标系上,以原点为圆心、单位长度为半径的圆)开始计算,在圆的内外分别画出其内接和外切正六边形(图 11-11),计算出两个正六边形的周长,并将其作为圆周长的上下界。后来这种方法被称为"夹逼法"。

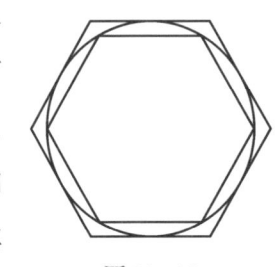

图 11-11

就这样,随着正多边形边数的增加,圆周率的精确度得以提高,最后的计算停留在了内接正 96 边形和外切正 96 边形的周长。阿基米德求出的圆周率在 $\frac{223}{71}$ 和 $\frac{22}{7}$ 之间,他将这两个数的平均值 3.141 851 作为圆周率的近似值。这是圆周率的计算历史上首次在科学计算的基础上所取得的成果。

阿基米德和刘徽的研究对于几何学的发展意义重大。在计算方法上,阿基米德同时利用了圆内接多边形和外切多边形进行计算,而刘徽则是利用内接多边形进行计算;在数学思想上,刘徽使用了极限思想和勾股定理,巧妙地化曲为直,而阿基米德避开了极限,多次使用合比定理和三角形的相似。

---

① 斫(zhuó):用刀、斧等砍。

3 现代的圆周率计算

在追求数学真理的道路上，人类永无止步。借助计算机，圆周率的计算取得了质的飞跃，后来甚至被用于测试计算机的性能和速度。1973 年，人们计算到了圆周率小数点后 300 万位。1993 年，计算到了小数点后 800 万位。2011 年，计算到了小数点后 10 万亿位。2018 年 8 月，瑞士的研究人员计算到了小数点后 62.8 万亿位，这是目前最精确的一个数值。

虽然现代社会已经能用计算机进行快速计算圆周率，但在过去漫长的岁月里，数学家们为此所付出的努力是有意义的。正因为一代又一代数学家们的坚持，人们对圆周率的认识才得以如此深刻。

12 博弈与概率：田忌赛马

在中华优秀传统文化中,有很多关于博弈策略的成语,如田忌赛马、围魏救赵、釜底抽薪、暗度陈仓、背水一战……其中最具代表性的田忌赛马可谓是家喻户晓,它不仅被编入了小学语文统编版教材(五年级下册第16课),还出现在2022年版人教版数学教材四年级上册第8单元"数学广角——优化"中,更是与中考数学中的概率问题紧密相关。本文中我们将介绍田忌赛马背后的数学,并在原问题的基础上改变游戏规则,对其进行进一步的拓展。

一 追根与溯源：田忌赛马

赛马是一种古老的竞技活动,在中国,最早有文献记载的便是《史记·孙子吴起列传》中齐威王与田忌的赛马活动(图12-1)。

图12-1

传说战国时期,齐王与田忌各有上、中、下三个等级的马各一匹。而在同等级的马中,齐王的马比田忌的马要强。有一天,齐王要与田忌赛马,双方约定：比赛3局,每局各出一匹马,每匹马各赛一次,赢得2局者为胜。看起来田忌似乎没有获胜的希望,不过田忌的谋士孙膑打听到田忌的上等马和中等马分别比齐王的中等马和下等马要强。

于是,孙膑提出了"用下等马去对抗齐王的上等马,用中等马去对抗齐王的下等马,用上等马去对抗齐王的中等马"的策略,最终为田忌赢得了比赛的胜利。

同样三匹马,只是调整了出场顺序就能取得不一样的结果,这里面蕴含着博弈和优化的原理。下面,我们可以从数学的角度,对这一问题做进一步的探讨。

二 数学与文化:田忌赛马中的数学

在上面的故事中,孙膑给出了获胜的策略,但我们依然可以进一步讨论以下 2 个问题。

1. 一共有多少种对阵情况?

齐王的出阵次序有 6 种:(上,中,下)(上,下,中)(中,上,下)(中,下,上)(下,上,中)(下,中,上)。

对于其中任意一种情况,田忌的对阵策略也有 6 种,根据分步计数原理①,一共有 $6 \times 6 = 36$(种)对阵情况。

2. 如果齐王赛马出阵顺序不变,而田忌的马随机出阵比赛,田忌获胜的概率是多少?

不妨设齐王的出阵次序为(上、中、下),则田忌的对阵策略有 6 种,如表 12-1 所示。

表 12-1 田忌的对阵策略

田忌	齐王			获胜方
	上	中	下	
策略 1	上	中	下	齐王
策略 2	上	下	中	齐王
策略 3	中	上	下	齐王
策略 4	中	下	上	齐王
策略 5	下	上	中	田忌
策略 6	下	中	上	齐王

可以看到,田忌的对阵策略共有 6 种,其中仅有 1 种可以获胜,因此其获胜的概率为 $\frac{1}{6}$。对于齐王的其他出阵情况,田忌的获胜概率都是 $\frac{1}{6}$,因此总的获胜概率也为 $\frac{1}{6}$。

---

① 如果完成一件事需要分几个步骤,且每个步骤的方法都是相互独立的,则将每个步骤的方法都相乘即为总的方法数。

三　实践出真知：中考题中的田忌赛马

例1(2021·福建) "田忌赛马"的故事闪烁着我国古代先贤的智慧光芒。该故事的大意如下：齐王有上、中、下三匹马 A_1、B_1、C_1，田忌也有上、中、下三匹马 A_2、B_2、C_2，且这六匹马在比赛中的胜负可以用不等式表示为 $A_1 > A_2 > B_1 > B_2 > C_1 > C_2$（注：$A > B$ 表示 A 马与 B 马比赛，A 马获胜）。一天，齐王找田忌赛马，约定每匹马都出场比赛一局，共赛三局，胜两局者获得整场比赛的胜利。面对劣势，田忌事先了解到齐王三局比赛的"出马"顺序为上马、中马、下马，并采用孙膑的策略，分别用下马、上马、中马与齐王的上马、中马、下马比赛，即借助对阵 (C_2A_1、A_2B_1、B_2C_1) 获得了整场比赛的胜利，创造了以弱胜强的经典案例。

假设齐王事先不打探田忌的"出马"情况，试回答以下问题：

(1) 如果田忌事先只打探到齐王首局将出"上马"，他首局应出哪种马才可能获得整场比赛的胜利？并求其获胜的概率；

(2) 如果田忌事先无法打探到齐王各局的"出马"情况，他是否必败无疑？若是，请说明理由；若不是，请列出田忌获得整场比赛胜利的所有对阵情况，并求其获胜的概率。

本题用符号语言清晰地刻画出了齐王的上等马、中等马均比田忌的中等马、下等马强的信息。

[分析]　(1) 若田忌打探到齐王首局出上等马，在这种情况下，田忌只有在首局出下等马才有机会获胜，而齐王在第二场、第三场出马的策略又有两种。同样的道理，不妨假设齐王先出中等马，再出下等马，将田忌此时的方案列出，可知田忌获胜的概率为 $\dfrac{1}{2}$，如表12-2所示。

表12-2　田忌的两种策略及结果

田　忌	齐　王		获胜方
	中等马	下等马	
策略1	上等马	中等马	田忌
策略2	中等马	上等马	齐王

(2) 如果齐王各局的出马情况未知,就成了第二大段中讨论过的问题,田忌的获胜概率为 $\frac{1}{6}$。

例 2(2021·浙江嘉兴) 看了《田忌赛马》故事后,小杨用数学模型来分析:齐王与田忌的上中下三个等级的三匹马的赋值如表 12-3 所示,每匹马只赛一场,两数相比,大数为胜,三场两胜则赢。已知齐王的三匹马出场顺序为 10,8,6。若田忌的三匹马随机出场,则田忌能赢得比赛的概率为_____。

表 12-3 齐王与田忌的马匹的赋值

人物	马匹		
	下等马	中等马	上等马
齐王	6	8	10
田忌	5	7	9

[分析] 这道题进一步将字母的大小关系替换成了数的大小关系来研究田忌赛马问题,使得题目描述更加简便,也为我们进一步研究田忌赛马中的博弈和优化问题提供了便利。同时我们可以看到,使用恰当的数学符号和语言,可以简化问题的表述。

四 应用与拓展:改变游戏规则

我们可以对田忌赛马问题做进一步的拓展。

拓展 1: 在原来的故事中,将比赛规则改为一次赛马确定胜负,随机抽取一匹马参与比赛,请问田忌获胜的概率是多少?

齐王一共有 3 种出阵方式:上马、中马或下马。面对齐王每一种确定的出阵方式,田忌也有 3 种可能的对阵方式。因此一共有 3×3=9(种)可能的对阵结果。而田忌只有用中马对抗齐王的下马,以及用上马对抗齐王的中马或下马才能获胜。所以田忌获胜的概率是 $\frac{3}{9} = \frac{1}{3}$。

拓展 2: 在原来的故事中,将这 6 匹马随机分给齐王和田忌,每人 3 匹,那么结果和原来一致的概率是多少?

在原来的故事中,我们记齐王的马对应水平为 2、4、6,田忌的马对应水平为 1、3、

5,则问题问的是,齐王最终拿到的全是偶数的概率。

第 1 次,6 个数中有 3 个偶数,选中概率是 $\frac{3}{6}$;

第 2 次,剩下的 5 个数中有 2 个偶数,选中概率是 $\frac{2}{5}$;

第 3 次,剩下的 4 个数中有 1 个偶数,选中概率是 $\frac{1}{4}$。

因此 6 个数中选 3 个,同时为偶数的概率为 $\frac{3}{6} \times \frac{2}{5} \times \frac{1}{4} = \frac{1}{20}$。

拓展 3:如果在原来的故事中,齐王和田忌随机交换一匹马,然后还是齐王先给出阵顺序,田忌后给对阵策略,这时田忌能获胜的概率是多少?

给这 6 匹马编号 1~6,数字越大表示越强。一开始,齐王的马为 (2, 4, 6),田忌的马为 (1, 3, 5)。交换一匹马后,两人的马有 $3 \times 3 = 9$(种)情况,如表 12-4 所示。

表 12-4 齐王与田忌的持马情况及结果

田忌的马	齐王的马	田忌能否获胜
(2, 3, 5)	(1, 4, 6)	能
(1, 2, 5)	(3, 4, 6)	否
(1, 2, 3)	(4, 5, 6)	否
(3, 4, 5)	(1, 2, 6)	能
(1, 4, 5)	(2, 3, 6)	能
(1, 3, 4)	(2, 5, 6)	否
(3, 5, 6)	(1, 2, 4)	能
(1, 5, 6)	(2, 3, 4)	能
(1, 3, 6)	(2, 4, 5)	能

可以看到,田忌一共有 6 种情况能获胜,概率为 $\frac{6}{9} = \frac{2}{3}$。

拓展 4:如果齐王和田忌一共有 4 种马,即上马、中马、下马和劣马,每种马各一匹,马与马之间的强弱关系类似(齐王的上马>田忌的上马>…>田忌的下马>齐王的劣马>田忌的劣马),二人随机选择出阵顺序,田忌获胜的概率是多少?类似地,如果有 5 种马呢?如果有 $n(n=3, 4, 5, \cdots)$ 种马呢?

当有4种马时,不妨设齐王的出阵次序为(上,中,下,劣),则田忌的对阵策略有$4\times 3\times 2\times 1=24$(种)。田忌要获胜,则4局比赛中至少要获胜3次。稍加分析可知,只有一种情况能做到这一点,即用劣马对抗齐王的上马,用上马对抗齐王的中马,用中马对抗齐王的下马,用下马对抗齐王的劣马。所以田忌获胜的概率为$\frac{1}{24}$。

当有5种马时,记齐王的马为(2,4,6,8,10);田忌的马为(1,3,5,7,9)。不妨设齐王的出阵次序为(10,8,6,4,2),则田忌的对阵策略有$5\times 4\times 3\times 2\times 1=120$(种)。田忌要获胜,则5局比赛中至少要获胜3次。

分析田忌的出阵次序可以发现,无论田忌第一场比赛出什么实力的马匹总要面临失败的结果,而第二局比赛只有出最强的马(9)才能取胜,此时剩下的3局比赛只需做到至少2次胜利即可赢下比赛,后三局共有(7,5,3)、(7,5,1)、(7,3,5)、(7,1,5)、(1,5,3)、(7,1,3)这6种方法;若是第二局比赛不出最强的马,则后三局必须全部取胜才能赢下比赛,此时后三局共有(9,7,5)、(9,7,3)、(9,5,3)、(7,9,5)、(7,9,3)、(7,5,3)这6种方法,而前两局可以任意选择剩下的两匹马出阵,因此共有$6\times 2=12$(种)方法。综上所述,田忌要获胜共有$6+12=18$(种)方法,获胜的概率为$\frac{18}{120}=\frac{3}{20}$。

拓展5:记齐王的马为(2,4,6);田忌的马为(1,3,5)。如表12-5、表12-6所示,假设齐王的6种出阵策略的概率分别是$p_1,p_2,\cdots,p_6$,田忌的6种出阵策略的概率分别是$p_7,p_8,\cdots,p_{12}$,田忌采用混合策略与齐王进行对抗。所谓混合策略,即以某种概率选择不同的策略。你能用$p_1\sim p_{12}$表示此时田忌获胜的概率吗?若又已知$p_1>p_2>\cdots>p_6$,田忌应该具体选择哪种策略,才能使获胜概率最大?

表12-5 齐王的混合策略

(2, 4, 6)	(2, 6, 4)	(4, 2, 6)	(4, 6, 2)	(6, 2, 4)	(6, 4, 2)
p_1	p_2	p_3	p_4	p_5	p_6

表12-6 田忌的混合策略

(1, 3, 5)	(1, 5, 3)	(3, 1, 5)	(3, 5, 1)	(5, 1, 3)	(5, 3, 1)
p_7	p_8	p_9	p_{10}	p_{11}	p_{12}

在混合策略下,田忌获胜的概率为$p_5p_7+p_6p_8+p_2p_9+p_1p_{10}+p_4p_{11}+p_3p_{12}$。

若又已知$p_1>p_2>\cdots>p_6$,因为$p_5p_7+p_6p_8+p_2p_9+p_1p_{10}+p_4p_{11}+p_3p_{12}\leqslant$

$p_1(p_7+p_8+p_9+p_{10}+p_{11}+p_{12})=p_1$,又因为当田忌选择(3, 5, 1)的策略时,获胜概率为 p_1。故田忌应该选择(3, 5, 1),才能使获胜概率最大。

拓展 6：在田忌赛马中,参与博弈的两个人是竞争关系,有胜方和负方。在更多的博弈论模型中,参与者只需要考虑自己的得失,目标是让自己的收益最大化。例如下面是著名的囚徒困境。

两个囚徒(A 和 B)作案后被警察抓住,隔离审讯。警方的政策是"坦白从宽,抗拒从严"：如果两人都坦白,那么各判 8 年；如果一人坦白另一人不坦白,那么坦白的放出去,不坦白的判 10 年；如果都不坦白,那么因证据不足各判 1 年,如表 12-7 所示。

表 12-7 囚徒的博弈结果

A	B 坦　白	B 不坦白
坦　白	(8, 8)	(0, 10)
不坦白	(10, 0)	(1, 1)

如果你是囚徒 A,你会怎么选？面对囚徒 B 的不同选择,怎样选择才是你的最优解？

当 B 坦白时,你的最优策略是坦白(8<10)；当 B 不坦白时,你的最优策略也是坦白(0<1)；所以不管怎么样,A 的最优策略都是坦白。同样地,B 的最优策略也是坦白,因此最终博弈的结果是(8, 8),即各判 8 年,比两个人都不坦白时各判 1 年要差。由于单个囚徒是没有动力打破这个局面的,因此这一博弈也被称为**囚徒困境**。此时(8, 8)也被称为**纳什均衡**。

除了囚徒困境,经典的博弈模型还有智猪博弈、斗鸡博弈、鹰鸽博弈、帆船博弈等等。自发明以来,博弈论在各个领域内发挥了重要的作用。为此,博弈论的创始人之一约翰·纳什(John Nash, 1928—2015)获得了 1994 年诺贝尔经济学奖。纳什的相关经历被拍成电影《美丽心灵》,他的人生经历非常的坎坷和励志,同学们可以进一步了解。

13　中国古代水利灌溉工具：筒车

　　古有"大禹治水"，它是上古先民为战胜自然灾害、发展农业而兴修水利工程的一个缩影。水利工程作为农业中不可或缺的一环，用到了大量的人力、物力和财力，并且它们的惠及范围有限，无法顾及地势较高或离水源较远的地方。那么在这些地方，古人又是如何灌溉的呢？原来，他们用的是一种不需要人力就能引水灌溉的工具——筒车。

一　追根与溯源：寻筒车足迹

　　筒车又称"天车""竹车""水轮""水车"，是一种无需人力就能取水灌田的工具(图 13-1)。其工作原理是，在水流湍急处建一水轮，水轮底部没入水中，轮上倾斜绑置若干竹筒。水流冲动水轮，竹筒轮流取水并随水轮转至轮顶时，将水自动倒入木槽，再流入田间。

　　在筒车发明以前，在东汉至三国时期，人们发明了一种用水力或畜力来取水灌溉的机器——**龙骨水车**，也叫翻车(图 13-2)。到了唐代，开始出现借助水力运作的筒车，不再需要人力或畜力，方便了很多。那么，如果在水很低而岸很高的地方，又应该怎么取水呢？这时聪明的古人又发明了高转筒车(图 13-3)，改善了在水量不丰沛的地方取水困难的处境。

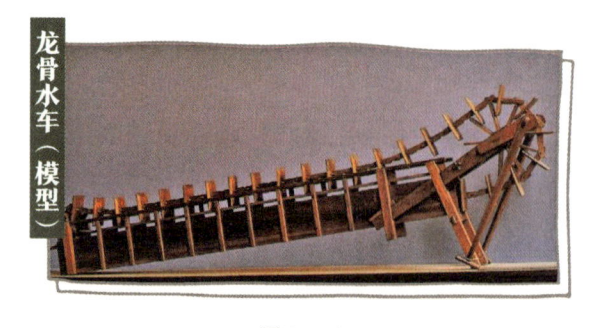

图 13-1

图 13-2 　　　　　　　　　　　　　　图 13-3

筒车从发明至今已有1 000多年的历史，并曾被广泛使用，那么它是如何传播的呢？筒车最早的史料记载见于唐代，宋代以后逐渐推广。在清代，筒车得到了更广泛的应用，几乎遍及我国东南、华南、西南等地的峡谷湖溪处，对当时的农业发展起到了很大的作用。它不仅是一种灌溉农田的用具，而且曾经作为一种文化漂洋过海到了日本，促进了中日文化的交流。

二 数学与文化：明筒车原理

筒车的运作过程与学科知识有怎样的联系呢？从物理上分析，涉及动能、势能、摩擦力等；从数学上分析，涉及圆、角度、高度等。

等同学们从初中升入高中就会在教材中遇见筒车。人教 A 版高中数学教材必修一的"函数 $y = A\sin(\omega x + \varphi)$ 的图像及应用"一节，就以筒车为实例引入函数 $y = A\sin(\omega x + \varphi)$，建立盛水筒运动的数学模型。此引入具有现实意义，是一个非常典型的函数建模过程。教材设问：假定在水流量稳定的情况下，筒车上的每一个盛水筒都做匀速圆周运动。你能用一个合适的函数模型来刻画盛水筒（视为质点）距离水面的相对高度与时间的关系吗？

由于筒车上的盛水筒运动具有周期性，故我们想到用三角函数模型去刻画它的运动规律。请你继续思考：与盛水筒运动相关的量有哪些？它们之间有怎样的关系？

将筒车抽象为一个几何图形（图 13-4），设经过时间 t 后，盛水筒 M 从点 P_0 运动到点 P。由筒车的工作原理可知，这个盛水筒距离水面的高度 H，由以下各个量所决定：筒车转轮的中心 O 到水面的距离 h，筒车的半径 r，筒车转动的角速度 ω，盛水筒的初始位置 P_0，以及所经过的时间 t。设以 Ox 为始边，OP_0 为终边的角为 φ，分析这些量的相互关系，进而建立盛水筒 M 运动的数学模型 $H = r\sin(\omega t + \varphi) + h$。由于 h 是常量，因此只要研究清楚函数 $H = r\sin(\omega t + \varphi)$ 的性质，就可以把握盛水筒的运动规律。

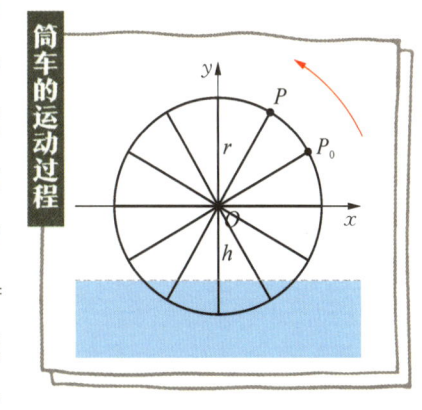

图 13-4

其实，不仅高中数学教材将筒车作为教学的真实情境导入，而且在中考及模拟题中也常出现以筒车为背景的题目。

三 实践出真知：中考题中的筒车

例1(2021·湖北鄂州) 筒车是我国古代发明的一种水利灌溉工具,明朝科学家徐光启在《农政全书》中用图画描绘了筒车的工作原理,如图13-5所示。筒车盛水桶的运行轨道是以轴心 O 为圆心的圆。已知圆心 O 在水面上方,且 $\odot O$ 被水面截得的弦 AB 长为 6 m, $\odot O$ 半径长为 4 m。若点 C 为运行轨道的最低点,则点 C 到弦 AB 所在直线的距离是(　　)m。

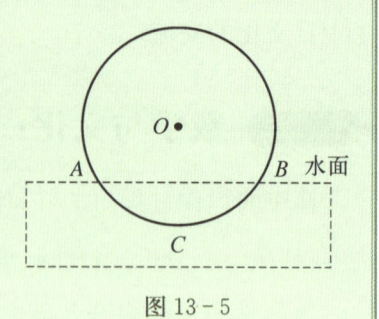

A. 1　　　　B. $4-\sqrt{7}$　　　　C. 2　　　　D. $4+\sqrt{7}$

图 13-5

[分析] 连接 OC 交 AB 于 D,连接 OA。由题意可知：因为点 C 为运行轨道的最低点,所以 $OC \perp AB$,从而求得 $AD = \dfrac{1}{2}AB = 3$(m)。在 Rt△OAD 中,$OD = \sqrt{OA^2 - AD^2} = \sqrt{4^2 - 3^2} = \sqrt{7}$ (m),即点 C 到弦 AB 所在直线的距离 $CD = OC - OD = (4-\sqrt{7})$ m,故选 B。

例2(2022秋·浙江青田县期中) "筒车"是一种以水流作动力,取水灌田的工具。明朝科学家徐光启在《农政全书》中用图画描绘了"筒车"的工作原理。如图13-6所示,"筒车"盛水筒的运行轨迹是以轴心 O 为圆心的圆,已知圆心 O 始终在水面上方,且当圆被水面截得的弦 AB 为 6 m 时,水面下盛水筒的最大深度为 1 m(水面下方部分的圆上的一点距离水面的最大距离)。

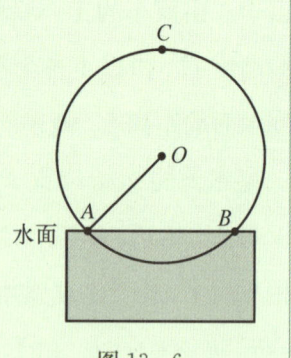

图 13-6

(1) 求该圆的半径;

(2) 若水面上涨导致圆被水面截得的弦 AB 从原来的 6 m 变为 8 m 时,则水面下盛水筒的最大深度为多少米?

[分析] (1) 如图 13-7 所示,作 $OD \perp AB$ 于点 E, 交圆 O 于点 D, 根据垂径定理得 $AE = \frac{1}{2}AB = 3$ m, 所以 $DE = 1$ m。设圆 O 的半径为 r m, 在 Rt$\triangle AOE$ 中, 得 $AE^2 + OE^2 = OA^2$, 即 $3^2 + (r-1)^2 = r^2$, 解得 $r = 5$, 即该圆的半径为 5 m。

(2) 当 $AB = 8$ m 时, $AE = \frac{1}{2}AB = 4$ m, 在 Rt$\triangle AOE$ 中, 得 $AE^2 + OE^2 = OA^2$, 设 $OE = x$ m, 则 $4^2 + x^2 = 5^2$, 解得 $x = 3$, 所以 $OE = 3$ m, 于是 $DE = 5 - 3 = 2$(m), 即水面下盛水筒的最大深度为 2 m。

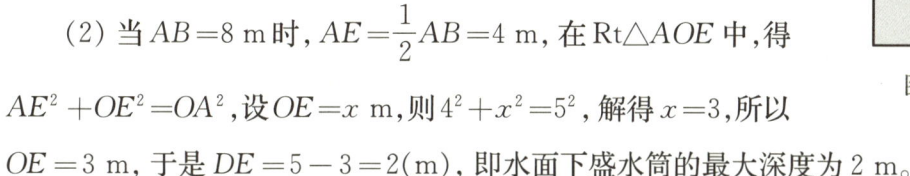

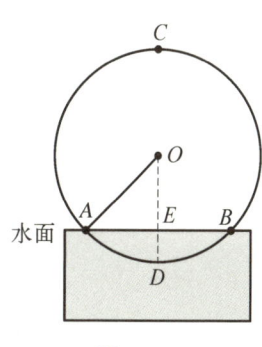

图 13-7

例 3(2021·河南模拟) 筒车是我国古代利用水力驱动的灌溉工具, 如图 13-8 所示, 半径为 4 m 的筒车 $\odot O$ 按逆时针方向, 每分钟转 $\frac{2}{3}$ 圈, 筒车与水面分别交于 A、B, 筒车的轴心 O 距离水面的高度 OC 的长为 2 m, 筒车上均匀分布着若干个盛水筒, 以某个盛水筒 P 刚浮出水面时开始计算时间。

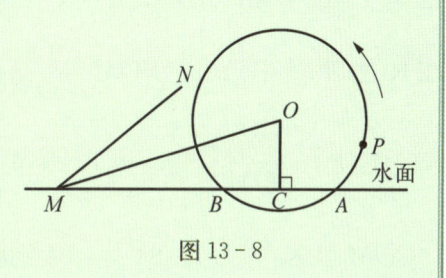

(1) 经过多长时间盛水筒 P 首次到达最高点?

(2) 浮出水面 3.5 s 后, 盛水筒 P 距水面有多高?

(3) 若接水槽 MN 所在直线是 $\odot O$ 的切线, 且与直线 AB 交于点 M, $MO = 20$ m, 求盛水筒 P 从最高点开始, 至少经过多长时间恰好在直线 MN 上?(参考数据: $\sin 16° = \cos 74° \approx 0.275$, $\sin 12° = \cos 78° \approx 0.2$, $\sin 6° = \cos 84° \approx 0.1$)

图 13-8

[分析] 由筒车每分钟转 $\frac{2}{3}$ 圈可得筒车每秒转 $360° \times \frac{2}{3} \times \frac{1}{60} = 4°$。

(1) 如图 13-9 所示, 连接 OA。在 Rt$\triangle ACO$ 中, 因为 $OC = 2$ m, $OA = 4$ m, $\angle OCA = 90°$, 所以 $\cos \angle AOC = \frac{OC}{OA} = \frac{1}{2}$, 从而求得 $\angle AOC = 60°$, 所经过的时间为 $\frac{120}{360} \div \frac{2}{3} \times 60 = 30$(s), 即经过 30 s, 盛水筒 P 首次到达最高点。

(2) 如图 13-9 所示, 盛水筒 P 每秒转动 $\frac{2}{3} \times 360° \div 60 = 4°$, 所以浮出水面 3.5 s

后,此时 $\angle AOP=3.5\times 4°=14°$,求得 $\angle POC=\angle AOC+\angle AOP=60°+14°=74°$。过点 P 作 $PD\perp OC$ 于点 D,在 Rt$\triangle POD$ 中,$OD=OP\cdot \cos74°\approx 4\times 0.275=1.1(\text{m})$,$DC=OC-OD=2-1.1=0.9(\text{m})$,即浮出水面 3.5 s 后,盛水筒 P 距离水面 0.9 m。

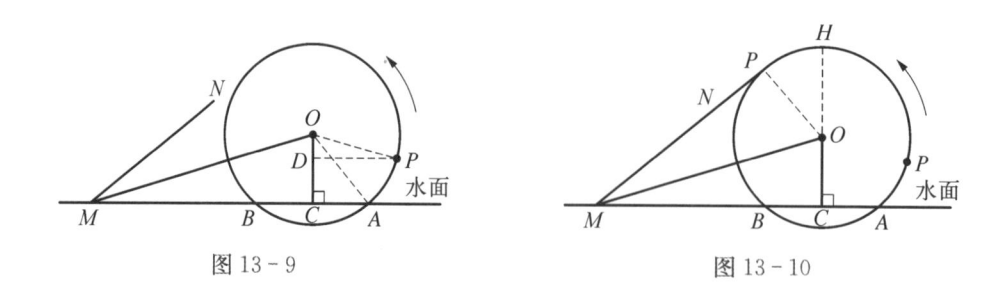

图 13-9

图 13-10

(3) 如图 13-10 所示,延长 CO 交 $\odot O$ 于 H,则 H 为最高点,因为点 P 在 $\odot O$ 上,且 MN 与 $\odot O$ 相切,所以当点 P 在 MN 上时,点 P 是切点。连接 OP,则 $OP\perp MN$。在 Rt$\triangle OPM$ 中,$\cos\angle POM=\dfrac{OP}{OM}=\dfrac{4}{20}=0.2$,求得 $\angle POM=78°$,在 Rt$\triangle COM$ 中,$\cos\angle COM=\dfrac{OC}{OM}=\dfrac{2}{20}=0.1$,求得 $\angle COM=84°$,所以 $\angle POH=180°-\angle POM-\angle COM=180°-78°-84°=18°$,则所需要的时间为 $\dfrac{18}{4}=4.5(\text{s})$,即盛水筒 P 从最高点开始,至少经过 4.5 s 恰好在直线 MN 上。

以上三道题目都以"筒车"为真实情境。其中例 1 是一道较为简单的选择题,了解筒车的工作原理后,将它转化为数学问题,即为求圆上一点到弦所在直线的距离,运用到垂径定理、勾股定理这一知识点。

例 2 是一道中等难度的解答题,第(1)小问求圆的半径,类似例 1;第(2)小问求水面下盛水筒的最大深度,其本质就是求圆上一点到弦所在直线的距离,与例 1 考查的内容相同,但是需要我们去理解题意,这就加大了难度。

例 3 是一道难度较大的解答题,其每一小问都涉及筒车的运作过程,比如第(1)小问何时首次到达筒车的最高点,其本质就是求旋转角和旋转速度,从而求出旋转时间;第(2)小问求浮出水面 3.5 s 后,盛水筒距离水面的高度,通过构造直角三角形,并解直角三角形即可解决问题;第(3)小问是关于接水槽的设计问题,何时盛水筒恰好与接水槽在同一直线上,其本质是考查切线的性质,作出圆上的切点,通过解直角三角形从而求解。当我们在完成例 3 的三个小问时,其实也经历了筒车"开始盛水——浮出水面——到达最高处——倒入接水槽"的整个运作过程。

四 应用与拓展：古代灌溉工具简介

古代没有如今发达的科技，那么不同时期的人们是怎样引水灌溉良田的呢？下面我们一起来了解古代的各种灌溉工具。

筒车作为古代用的提水器，其发明有一段历史沿革。早在商代初期，用于农田灌溉的简易提水器桔槔(jié gāo)已经出现，之后又出现辘轳(lù lu，图13-11)、井车、戽(hù)斗、翻车和渴乌等。通过表13-1，读者可以进一步感受到古人的智慧。

图 13-11

表 13-1 古代灌溉工具简介

年代	工具	简介
商代	桔槔	桔槔，一种古老的取水装置。利用杠杆原理，在一根竖立的架子上放置一根细长的杠杆，以中间为支点，末端悬挂重物，前端悬挂水桶，一起一落便能提水
周代	辘轳	辘轳，一种取井水的装置，通过木轴提取井水。辘轳运用了轮轴原理和杠杆原理，在支架上设木轴，绳索两端各系一盛水容器即可交替取水
东汉	翻车	翻车，一种刮板式连续提水机械。其车身斜置河边，下链轮和车身一部分没入水中。驱动链轮，叶板就沿槽刮水上升，到长槽上端将水送出
东汉	渴乌	渴乌，一种利用虹吸效应制作的水利装置，由毕岚发明，是古代军队中重要的取水措施

续 表

年代	工具	简介
隋朝	井车	井车,由辘轳发展而来。在一根圆木上绞缠绳索,圆木旋转,带动绳索,水斗随之起落从而实现取水。井车体现了我国在齿轮传送装置方面的成就
元代	戽斗	戽斗,一种简易的取水装置,一般用竹篾、藤条等编成,利用两人合力,拉绳取水

从中国古代灌溉工具的演变,可以看出古人已经会通过数学和物理的方法改进工具,提高生产效率。而数学在生活中的应用,正是数学文化的体现。

14 中国传统天文仪器：圭表

> 数学和天文学是我国古代最早萌芽的两门科学，它们之间的联系也最为密切。在我国漫漫历史长河中，数学与天文学的交织与发展，促进了一系列创造性的天文仪器和数学工具的发展。其中，圭表是最古老而重要的天文仪器之一，它可以被用来定方向、测时间、求周年常数、划分季节和制定历法等。早在公元前几千年的陶寺遗址时期，我国中原地区已经开始使用圭表。后来，《周礼》《周髀算经》《淮南子》等文献中均有用圭表测影的详细记录。下面我们一起来认识一下它吧。

一 追根与溯源：圭表的产生与发展

1 圭表的基本结构

圭表是古人用于测定时间、方向和季节的天文仪器，由"圭"和"表"两部分构成。"圭"呈正南北方向平放，上有刻度，里面设有水沟作为水平仪；"表"则是直立于平地上的测日影的标杆或石柱，另常附有垂绳以校正垂直程度(图14-1)。不同时段太阳照射在表上，其影子便会投影到圭上，古人就能根据影子的长度和方向判断时间。

圭表的基本结构

图 14-1

2 "圭表"名称的由来

圭表是古人智慧的结晶，象征着我国古代在天文学领域的卓越成就。那么，"圭表"之名是如何来的呢？

"表"是古人在长期的生产和生活中逐渐产生的。农耕时代，人们有了定方向和定季节的需要。细心的古人通过观察物体在太阳光照射下的投影，发现其变化是有规律的。为了便于观测影子，古人便在平地上直立一根竿子或石柱。这根竿子或石柱便成了早期的"表"。

"圭"在早期被称为"土圭",其名出自西周时期的《周礼》。早期的"土圭"指的是在地面上作记号,这是因为最初立杆测影是在平整的土地上进行的,古人往往先在影端画一记号,如"X",再量影长。后来才渐渐出现铜圭、石圭等。

"圭"和"表"两者缺一不可,构成配套的天文仪器。

3 圭表的改进与演变

几千年来,圭表从质地、结构到精确度,都发生过很大的变化。

山西襄汾陶寺遗址(约公元前4 000年)曾出土一根长171.8 cm的漆杆(图14-2),经考证,该漆杆为圭表日影测量仪器系统中的圭尺。可见,早期的圭表并不是一体结构,而是表杆与土圭彼此分离的简易形制。

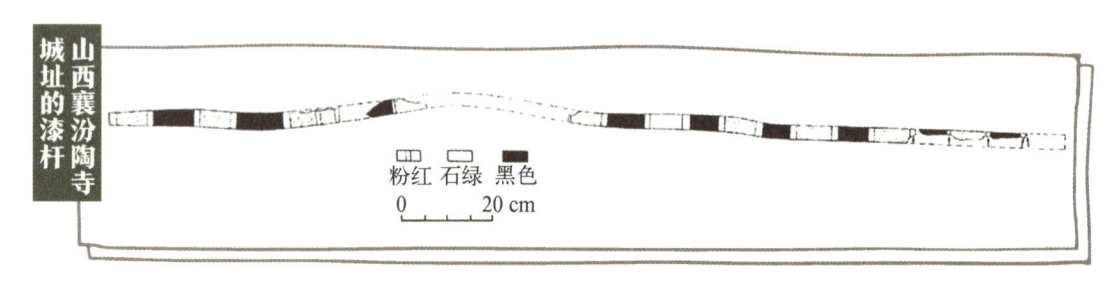

图 14-2

世界上现存的年代最早且具有确定年代的圭表是安徽阜阳西汉汝阴侯墓(公元前165年)出土的用于测量正午日影长度的"圭表"(图14-3),可以看到,此时圭表已发展出了表座。

为了更便捷地进行观测,"迷你版"圭表也出现了,图14-4呈现的东汉袖珍铜圭,不仅小巧,还可以折叠,使用时将表翻折至与圭垂直,平时可将表折入圭体中的空当内。

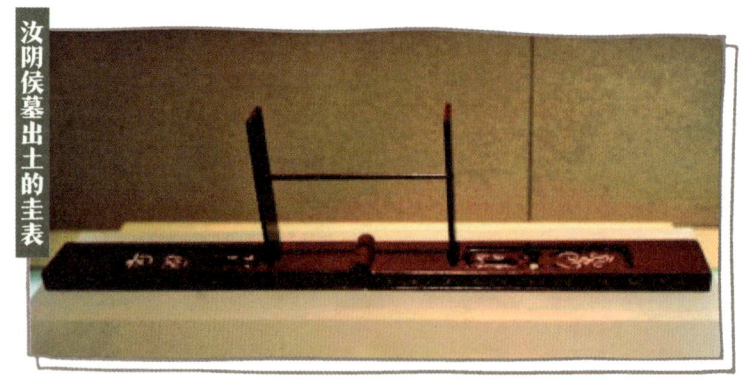

图 14-3   图 14-4

到了元代,天文学家郭守敬(1231—1316)运用数学和物理的原理从两个方面对圭表测影进行了改进。一是让圭表表高更高,从八尺变为四丈,这样影长更长,按比例推算各个节气时刻的误差就可以相应减小。例如河南登封观星台(图 14-5),是中国现存最早的天文台。二是创制仪器"景符"(图 14-6),这是圭表改进的关键一步,即通过小孔成像使虚影区同比例缩小,解决了虚影读数误差过大的问题,提高了影长读数的精度。

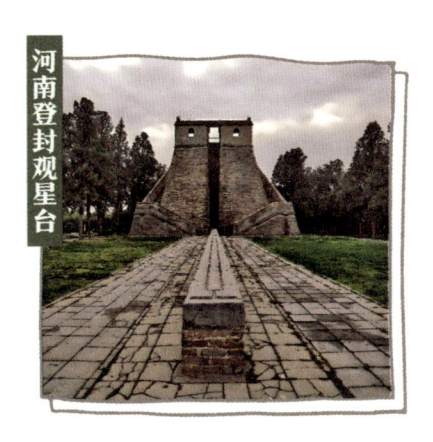

图 14-5

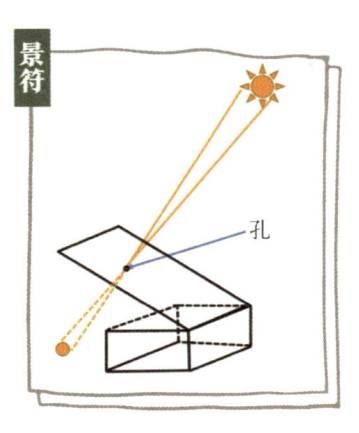

图 14-6

从上述文物中,我们不仅能够看到古代圭表测影的精确度越来越高,还能够感受到圭表制作技术的进步。圭表的演变推动了古代天文学的发展,而天文学的发展更好地服务了古代农业的发展。

二 数学与文化:立杆测影

圭表是通过观察直立的标杆的影长及其变化,得到有关时间、方向和季节的信息的。这一过程也叫作"立杆测影"。这是否让你想到了成语"立竿见影"？没错,这个成语最初正来源于圭表。"立竿"和"见影"分别指的就是"表"和"圭",是一种通过观察即可快速判断时间的方法,因此"立竿见影"的含义也被引申为"马上就能看到效果"。那究竟如何用圭表来"立杆测影"呢？让我们一起看看,古书中是如何介绍"立杆测影"这一方法的。

1614 年,由意大利人熊三拔口授,周子愚、卓尔康笔记完成的《表度说》中有"立杆测影"的详细记录。书中提到,首先要确定表长和表的取值,再正式立表取影。

步骤一:分表,即表长的确定。如图 14-7 所示,将表长 12 等分为 12 度,每一大格即为 1 度。每 1 度再 60 等分,则共计 720 分。

步骤二：立表，即表的取直操作。以该表的底端甲处为圆心作圆（半径任取），三等分所作的圆周，并且在三等分点上各立一表。依次测量丙、丁、戊表底端到乙处的距离，记作"L_1""L_2""L_3"（图 14-8）。若 $L_1=L_2=L_3$，则表与水平面垂直。

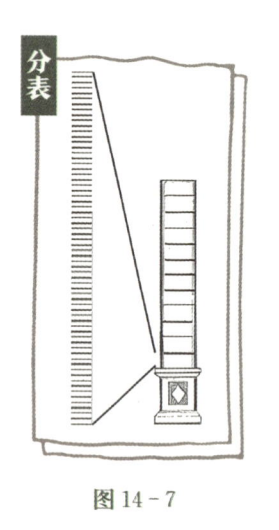

图 14-7

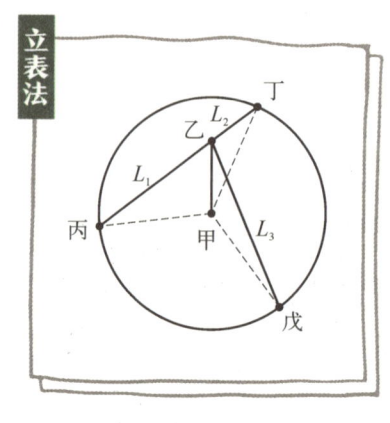

图 14-8

步骤三：测量太阳的地平高度。与水平地面垂直的立表的表影 BC 叫作直影（图 14-9）；与水平地面平行的横表的表影 BC' 叫倒影（图 14-10）。α 为当地的太阳高度角（$0°\leqslant\alpha\leqslant 90°$）。

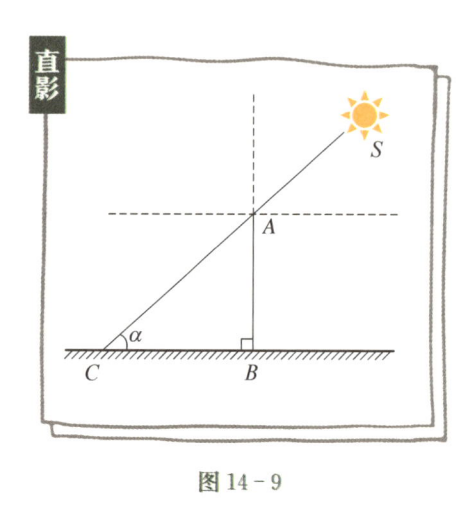

图 14-9

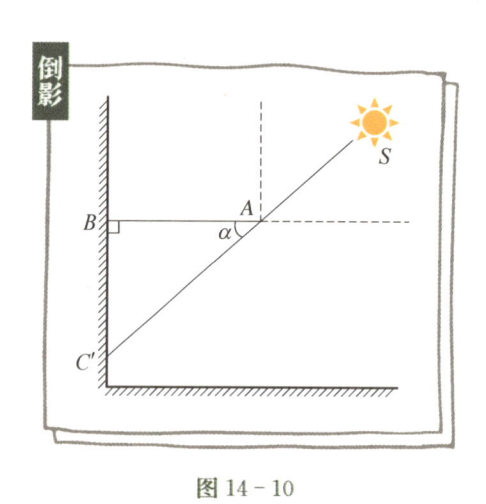

图 14-10

则易知

$$BC=\frac{AB}{\tan\alpha}=AB\cdot\cot\alpha \qquad ①$$

$$BC'=AB\cdot\tan\alpha \qquad ②$$

由①②可知,从日出到正午,随着太阳高度角α增大,BC减小(直景消),BC′增大(倒景长)。再由三角函数将直影和倒影的关联起来,可得

$$BC = AB \cdot \cot\alpha = AB \cdot \tan\left(\frac{\pi}{2}-\alpha\right) \qquad ③$$

由②③可知,当直影与倒影的太阳高度角互余时,两影长相等。

三 实践出真知:中考题中的圭表

在2022年的浙江绍兴市中考卷中有这样一道试题:

例1(2022·浙江绍兴) 圭表(图14-11)是我国古代一种通过测量正午日影长度来推定节气的天文仪器,它包括一根直立的标杆(称为"表")和一把呈南北方向水平固定摆放的,与标杆垂直的长尺(称为"圭"),当正午太阳照射在表上时,日影便会投影在圭面上,圭面上日影长度最长的那一天定为冬至,日影长度最短的那一天定为夏至,图14-12是一个根据某市地理位置设计的圭表平面示意图,表AC垂直于圭BC,已知该市冬至日正午太阳高度角(∠ABC)为37°,夏至日正午太阳高度角(∠ADC)为84°,圭面上冬至线与夏至线之间的距离(DB的长)为4 m。

图14-11

图14-12

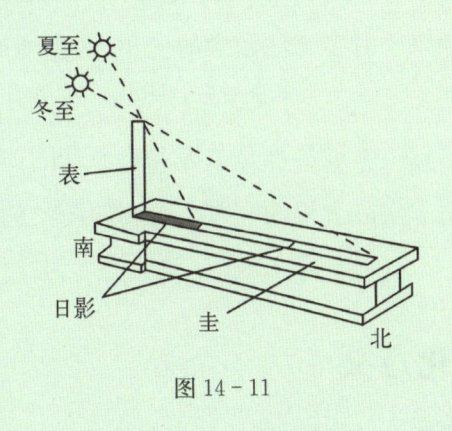

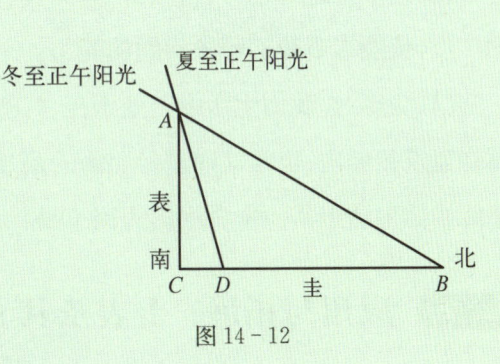

(1) 求∠BAD的度数;

(2) 求表AC的长(最后结果精确到0.1 m)。(参考数据:$\sin 37° \approx \frac{3}{5}$, $\cos 37° \approx \frac{4}{5}$, $\tan 37° \approx \frac{3}{4}$, $\tan 84° \approx \frac{19}{2}$)

[分析] 在前面圭表的"立杆测影"原理的介绍中,表的高度是固定的,根据实测影长就能够得出太阳高度角,实际上通过公式①和公式②,我们可以得出这样一个结论:表高、影长、太阳高度角,知二求一。

第(1)小题没有涉及圭表的"立杆测影"原理的运用,只要掌握三角形内角和为180°的性质,很容易就可以求出正确答案。

第(2)小题正是古代圭表的"立杆测影"原理在数学教育中的运用和体现。看到这道题,同学们是否能够意识到问题情境中的变量和不变量呢?表 AC 是固定的,而太阳高度角($\angle ABC$、$\angle ADC$)和表在圭上的投影(CD 和 CB)是变量。知二求一,同学们要能够意识到可以根据夏至日和冬至日不同的太阳高度角及影长,将 AC 表示出来,从而构建一元一次方程。

夏至日: $AC = CD \cdot \tan 84°$ ④

冬至日: $AC = (CD + 4) \cdot \tan 37°$ ⑤

联立①②得 $CD \cdot \tan 84° = (CD + 4) \cdot \tan 37°$ ⑥

也就是说,通过公式④我们能够从不变量 AC 找到影长之间的关系,从而构建公式⑥,然后很容易就能够求出 CD 的长度,从而求出表 AC 的高。

上述这个问题,用到了古代圭表测影这个背景,对于没有接触过这方面知识的同学来说,解决这个问题时也许会有恐惧感。其实如果平时多关注数学的应用,适当增加阅读的广度,就能提高我们解决问题的能力。

"立杆测影"在我们生活中无处不在,灯影、月影、斜坡等都是圭表测影原理的体现,甚至在建筑领域内,也常常通过参照物的高度来求实际大楼的高度。聪明的同学们,你们还能找到生活中其他圭表测影的例子吗?

四 应用与拓展:圭表及其文化意义

伟大的发明往往来源于生活,正是古人对美好生活的追求,才催生了圭表这一传统仪器。《周髀算经》有记载:"周髀长八尺,夏至之日晷一尺六寸。髀者,股也。正晷者,勾也。"以前的表高通常为八尺,刚好相当于人的身长,这是因为原始的表是模仿人体测影而出现的,因此人们自然而然地就把支撑人体直立的"股"骨作为表的名称。

圭表的发明不仅是天文学的一大创举,而且推动了算学的发展。在前述圭表的使用过程中可以看到,古人测影前必须先立表,即确定表与水平面垂直。在这个过程中,人们认识到了直角三角形中三条边的关系。直立的表叫作"股",而晷影之长即为"勾",为后来勾股定理的发现做了铺垫。

在我国的传统文化里,时间不仅是一种客观存在,还被赋予了诚信之意,就像古人所说的"至忠如土,至信如时"。而作为测量时间的仪器,圭表也同样成为一种诚信的象征。比如,东周时期,世人遵循的各种法则被称为**圭臬**。这里的"臬"其实指的就是"表",而圭臬的核心就在于诚信。

随着文化的发展,从圭表的直而不偏斜的特点里,发展出"典范、表率"的含义。比如唐朝诗人裴廷裕曾写道:"明镜利剑,高谢尘埃;止水秋山,居为圭表。"而在现代,我们也会用"世之圭表"来形容值得学习的模范和榜样。

总之,圭表的产生与发展,闪耀着我国古代人民的智慧。它不仅是天文学里的一项伟大发明,也印证了数学的广泛应用;它不只是一个仪器、一件工具,还承载着中华民族的文化精神与品格。时至今日,圭表的作用已不仅是测定时间,它的内涵越来越丰富,值得我们继续探索!

15 数字的宝库：神奇的杨辉三角

同学们，你们玩过弹珠抽奖游戏吗？图15-1是弹珠抽奖游戏的示意图。在抽奖的过程中，你知道哪个区域中奖的可能性最大，哪个区域中奖的可能性最小吗？要解释其中的奥秘可离不开数学！这里，不得不提到一个数字的宝库——杨辉三角（图15-2）。那么，它们之间究竟存在什么联系呢？下面就让我们一起来研究神奇的杨辉三角吧！

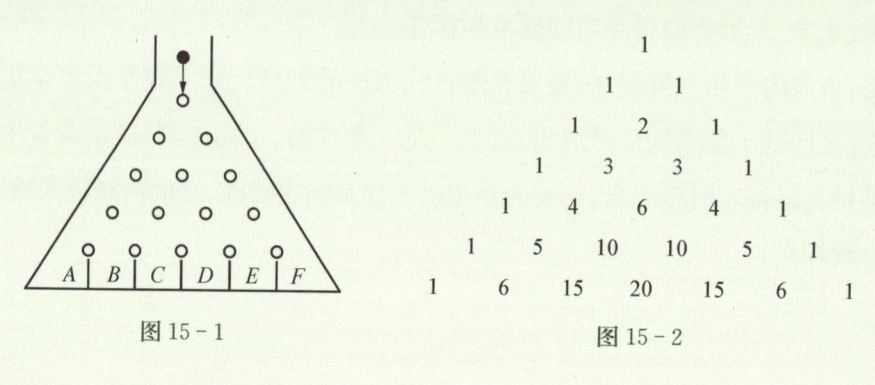

图15-1

图15-2

一 追根与溯源：杨辉三角

1 杨辉三角的时代背景

杨辉三角的起源可以追溯到宋代。两宋时期，我国在农业、手工业、商业等方面都取得了突出的成就，经济的迅速发展使得人们在生产生活中对算术等数学知识的需求逐步增加（例如需要大量的乘方、开方运算）。为此，数学研究有了进一步的发展，并涌现出了众多数学家。其中，杨辉、秦九韶（1208—1268）、李冶（1192—1279）、朱世杰（1249—1314）被誉为"宋元数学四大家"。杨辉三角就是这个时期的数学成就之一，它把中国古代数学推向了世界前列。

2 杨辉三角的发现

你知道吗？其实杨辉三角并不是杨辉发明的，在稍早一些的北宋时期，数学家贾宪的《释锁算书》中就已经出现了（图15-3）。这幅图的名称是"开方作法本源"图，那为什么会被称为"杨辉三角"呢？

原来，正是因为杨辉在《详解九章算术》中介绍了此图，以及贾宪据此用来对高次幂进行开方的"增乘开方法"，并写明"出《释锁算书》，贾宪用此术"。后来，在杨辉和诸多学者的发扬之下，它在开方、方程、组合和高阶等差级数等方面大放异彩。于是，人们习惯把这个数表称为"杨辉三角"（当然，也有人称"贾宪三角"）。

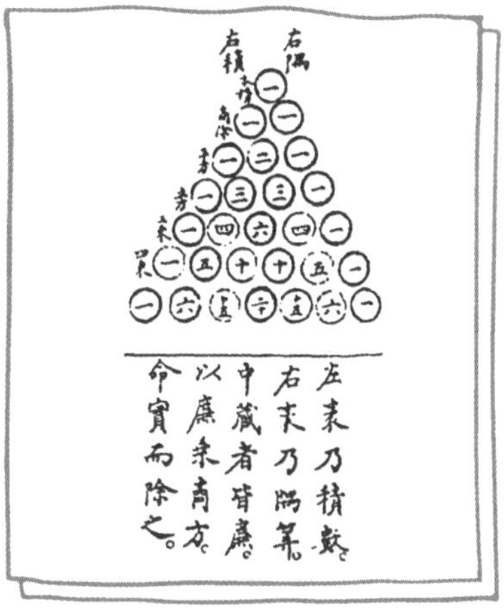

图15-3

3 西方的杨辉三角

在西方，类似杨辉三角的结构被称为"帕斯卡三角"，因为法国数学家帕斯卡（Blaise Pascal，1623—1662）于1654年在《论算术三角形》中对其构造和性质进行了系统研究，他指出了这是二项展开式的系数表，并解决了概率论上的一些问题。其实，在帕斯卡之前，"帕斯卡三角"已有不少学者论及。

13世纪，阿拉伯人阿尔·赞加尼（a-Zanjani，？—1262）在《代数学中的方程平衡》中记载了七次幂的展开式。同时期，波斯数学家纳绥尔丁·图西（Nasir Din Tusi，1201—1274）在《算板与沙盘算法集成》中也对二项式的展开式进行了研究。

1527年，德国数学家阿皮纳斯（Apianus，1495—1552）所著的《算术》一书的封面上也刻有此数表。

1544年，德国数学家斯蒂菲尔（Michael Stifel，1486—1567）在其所著的《整数算术》中写到了数表中的第18行。

1540年，意大利数学家塔尔塔利亚（Niccolò Tartaglia，1499—1557）运用此数表解出了一元三次方程。

1579年，卡丹（G. Cardano，1501—1576）在《比例新作》中不仅给出了这个数表，还提出了关于组合数的性质等。

杨辉三角的意义不仅在于其促进了数学的发展，还在于它所具有的性质和排列规律充分体现了抽象化、理论化、公式化和机械化的数学算法，其蕴含的程序化解题方法更为后世数学家提供了方法论的指引。

那么杨辉三角究竟有哪些有趣的性质和规律呢？让我们一起来揭开它的神秘面纱吧！

二 数学与文化：杨辉三角的数学性质

请同学们分别从横行、斜列的角度观察杨辉三角，你发现什么规律了吗？

发现 1：如图 15-4 所示，从第一行开始，假设 1 的左右两边各有一个 0，把相邻的两个数相加就可以得到下一行，如 0+1=1，1+1=2。

这就是杨辉三角最基本的性质，通过它可以很好地解释了下面三个规律：(1) 每一行中两端的数均为 1，且整个数表左右对称；(2) 每个数等于它"肩膀"上的左右两数之和；(3) 杨辉三角是无限大的。

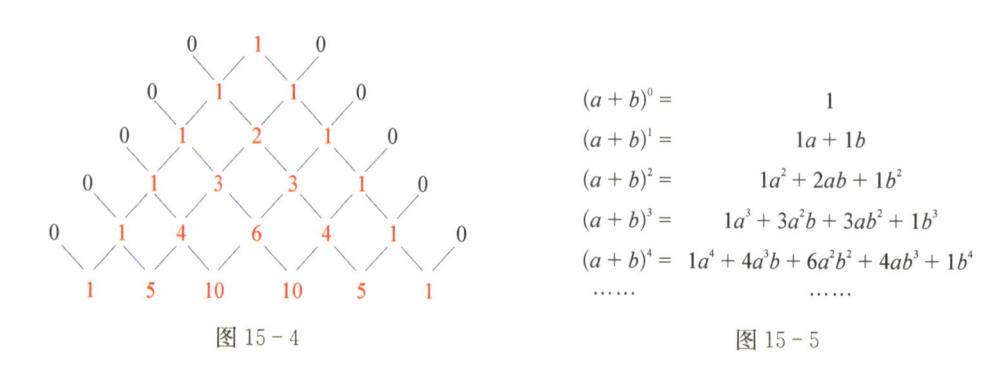

```
           0   1   0
         0   1   1   0
       0   1   2   1   0
     0   1   3   3   1   0
   0   1   4   6   4   1   0
     1   5   10  10  5   1
```

图 15-4

$(a+b)^0 =$ 1
$(a+b)^1 =$ $1a+1b$
$(a+b)^2 =$ $1a^2+2ab+1b^2$
$(a+b)^3 =$ $1a^3+3a^2b+3ab^2+1b^3$
$(a+b)^4 =$ $1a^4+4a^3b+6a^2b^2+4ab^3+1b^4$
……   ……

图 15-5

发现 2：每一行的数字都对应二项式 $(a+b)^n$ 展开后的系数。

我们知道，$(a+b)^0=1$，$(a+b)^1=a+b$，$(a+b)^2=a^2+2ab+b^2$，利用多项式的乘法运算，还可以得到 $(a+b)^3$ 和 $(a+b)^4$ 的展开式。若将这些式子按照字母 a 的降幂形式排列（图 15-5），就会发现每个式子前面的系数恰好与杨辉三角中的数完全吻合。例如 $(a+b)^2$ 展开式中的系数分别是 1，2，1，恰好是杨辉三角中第 3 行的数。

同学们，你们掌握这个规律了吗？试着写出 $(a+b)^5$ 和 $(a-b)^5$ 的展开式吧！

其实早在 11 世纪，贾宪就对二项展开式的规律有了一定的研究，不得不佩服我们古人的智慧！前面图 15-3 中展示的就是贾宪的"五乘"（6 次幂）。如图 15-6 所示，13 世纪，朱世杰在《四元玉鉴》中将其进一步发展为"七乘"（8 次幂）。

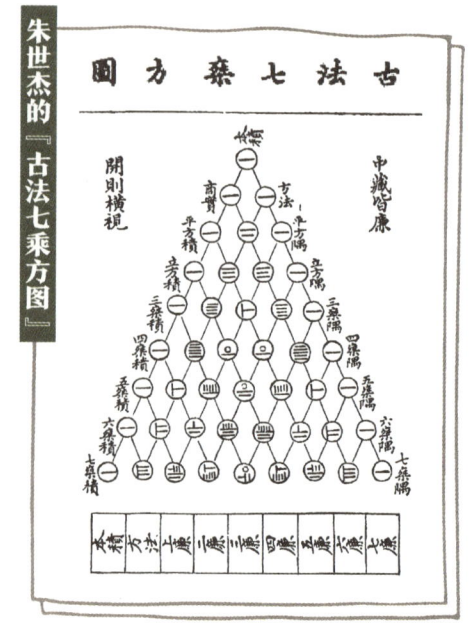

朱世杰的"古法七乘方图"

图 15-6

从 6 次方到 8 次方的二项展开式的探索,古人用了 200 多年,可见数学的发展经历了漫长的岁月,是一代又一代的数学家们用钻研的精神和坚韧的品质创造了我们现在的数学成果,方便了我们的生活与生产。如今,我们站在巨人的肩膀上,可以写出 $(a+b)^n$ 的二项展开式。到了高中,我们还将以此为起点,进一步研究二项式系数的排列规律。

发现 3: 如图 15-7 所示,对斜列上的数字求和可以得到 1,1,2,3,5,8,13,…这组有规律的数列——斐波那契数列。更直观地,把杨辉三角中的每一个数靠左对齐,摆成如图 15-8 所示的三角形数表,再将对角线上的数进行求和,就能得到著名的斐波那契数列。这个数列的特点是从第三个数起,任意一个数都等于前面两个数的和,并且当数越大时,相邻两数之比(前项比后项)越接近黄金分割比 0.618。不相信? 拿起你手中的笔,算一算。

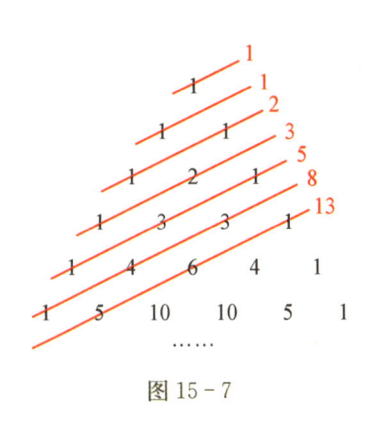

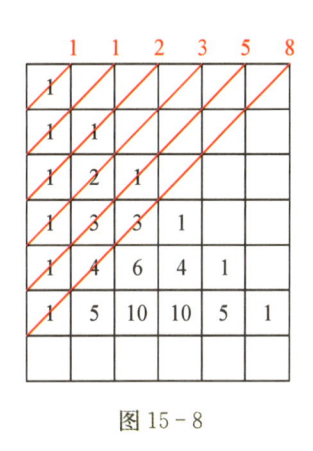

图 15-7

图 15-8

大家可别小瞧了这个数列,这一串数很好地揭示了一些动植物的生长"秘密",是大自然的"代码"! 向日葵的种子、蜻蜓的翅膀、蜂巢以及菠萝的表面排布等都符合斐波那契数列的规律。怪不得哲学家黑格尔(G. W. F. Hegel, 1770—1831)说"数学是上帝描述自然的符号。"

发现 4: 如果将杨辉三角中的奇数以等边三角形的形式着色,那么剩余的部分也呈现出大大小小的等边三角形,并且具有自相似的特点(图 15-9)。在几何学中,我们把这样的图形叫作**分形**,这个三角形叫作"谢尔宾斯基三角(Sierpinski triangle)"。他常被用来进行艺术设计和建筑设计,并且还被广泛应用于计算机科学和统计学中。

看似平平无奇的杨辉三角,想不到蕴含了如此丰富的数字规律,涉及多门学科! 当然,还有更多有趣的规律等着你们去探索与挖掘,下面是一些提示。

提示 1 $(a+b)^n$ 的展开式的每一项中 a、b 的指数与正整数 n 之间有什么关系?

提示 2 从行的角度出发,将每一行的数求和,你发现了什么规律?

提示 3 从斜列的角度出发,分别观察第一列、第二列、第三列、第四列的规律。

提示 4 从斜列的角度出发,每一列的和与下一行拐角处的数有什么规律?

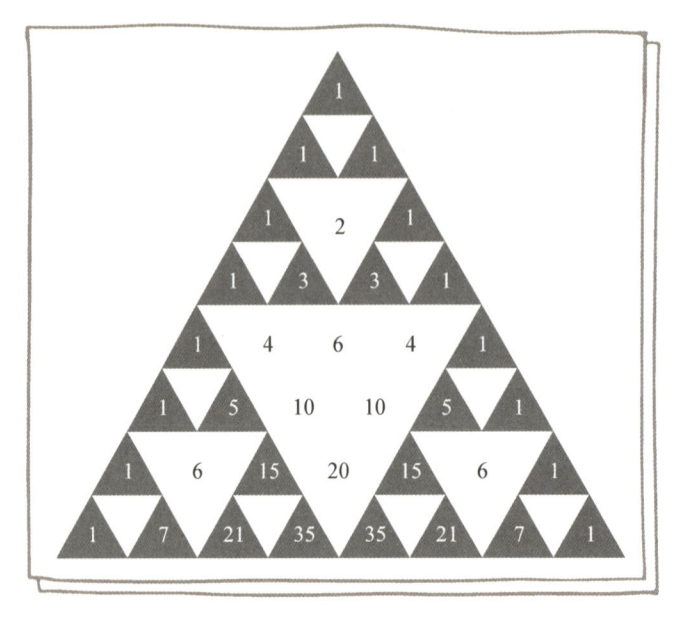

图 15 - 9

同学们,你们一共得到了几条规律呢?相信大家在用心观察、大胆猜想、严谨归纳、仔细验证后,肯定会有新的发现。

在实践与探索中,我们深刻感受到,不论是从形的特点还是数的规律来看,杨辉三角都是各种数学元素的优美交织,是数学美的体现。那这些规律具体有什么应用呢?就让我们进入下一步的探索吧!

三 实践出真知:中考题中的杨辉三角

在中学阶段,与杨辉三角联系最密切的就要数二项展开式的系数规律了,在中考题甚至高考题中都经常出现它的身影。

例 1(2019·湖南永州) 我们知道,很多数学知识相互之间都是有联系的。如图 15-10 所示是"杨辉三角"数阵,其规律是,从第三行起,每行两端的数都是"1",其余各数都等于该数"两肩"上的数之和。图 15-11 是二项和的乘方 $(a+b)^n$ 的展开式(按 b 的升幂排列)。经观察,图 15-11 中某个二项和的乘方的展开式中,各项的系数与图 15-10 中某行的数一一对应,且这种关系可一直对应下去。将 $(s+x)^{15}$

的展开式按 x 的升幂排列得：$(s+x)^{15}=a_0+a_1x+a_2x^2+\cdots+a_{15}x^{15}$。

```
           1
          1 1
         1 2 1
        1 3 3 1
       1 4 6 4 1
      1 5 10 10 5 1
          ……
```
图 15-10

$(a+b)^1 = a+b$
$(a+b)^2 = a^2+2ab+b^2$
$(a+b)^3 = a^3+3a^2b+3ab^2+b^3$
$(a+b)^4 = a^4+4a^3b+6a^2b^2+4ab^3+b^4$
$(a+b)^5 = a^5+5a^4b+10a^3b^2+10a^2b^3+5ab^4+b^5$
……

图 15-11

依上述规律，解决下列问题：

(1) 若 $s=1$，则 $a_2=$ _____ ；

(2) 若 $s=2$，则 $a_0+a_1+a_2+\cdots+a_{15}=$ _____ 。

[分析] (1) 找规律法。本题即找 $(a+b)^n$ 的第三项的系数规律。根据条件发现图 15-9 从第二行起与图 15-10 的各项系数一一对应，并且发现 $(a+b)^2$ 的第三项的系数为 $1=1+0$，$(a+b)^3$ 的第三项的系数为 $3=1+2$，$(a+b)^4$ 的第三项的系数为 $6=3+3$，即 $6=1+2+3$，$(a+b)^5$ 的第三项系数为 $10=6+4$，即 $10=1+2+3+4$，依此类推，$(a+b)^n$ 的第三项的系数为 $1+2+3+\cdots+(n-2)+(n-1)$，所以当 $s=1$ 时，$a_2=1+2+3+\cdots+14=105$。

(2) 特殊值法。由条件可知 $(s+x)^{15}=a_0+a_1x+a_2x^2+\cdots+a_{15}x^{15}$，当 $x=1$ 时，展开式就出现了 $(a_0+a_1+a_2+\cdots+a_{15})$ 的形式，所以取 $s=2$，$x=1$，可得 $a_0+a_1+a_2+\cdots+a_{15}=(2+1)^{15}=3^{15}$。

与此题有异曲同工之妙的还有 2019 年山东烟台中考数学试卷第 9 题。

例 2(2019・山东烟台) 求 $(a+b)^9$ 展开式中所有项的系数和。

[分析] 分别将 a 和 b 赋值为 1，其结果便是展开式的所有项的系数和，由 $(a+b)^9=(1+1)^9$ 得到结果为 2^9。

除此之外，"莱布尼茨调和三角形"也与杨辉三角紧密相关。类比杨辉三角，同学们可以试着解决下面这个问题。

例3 如图15-12所示,若(m,n)表示第m行,从左到右数第n个数,如$(4,2)$表示第4行第2个数是$\dfrac{1}{12}$,则$(6,3)$表示的数是_____。

第一行　　　　　　　　　$\dfrac{1}{1}$

第二行　　　　　　　$\dfrac{1}{2}$　　$\dfrac{1}{2}$

第三行　　　　　$\dfrac{1}{3}$　　$\dfrac{1}{6}$　　$\dfrac{1}{3}$

第四行　　　$\dfrac{1}{4}$　$\dfrac{1}{12}$　$\dfrac{1}{12}$　$\dfrac{1}{4}$

第五行　$\dfrac{1}{5}$　$\dfrac{1}{20}$　$\dfrac{1}{30}$　$\dfrac{1}{20}$　$\dfrac{1}{5}$

……

图15-12

[分析] (1) 左右两边的数分别为$1,\dfrac{1}{2},\dfrac{1}{3},\dfrac{1}{4},\dfrac{1}{5},\cdots$。

(2) 类比杨辉三角的性质,发现$1=\dfrac{1}{2}+\dfrac{1}{2}$,$\dfrac{1}{2}=\dfrac{1}{3}+\dfrac{1}{6}$,$\dfrac{1}{3}=\dfrac{1}{4}+\dfrac{1}{12}$……即每个数等于下一行左右两数的和。

(3) 这些分数的分子为1,分母为正整数,若将每行的分母单独列出来,并除以行数,发现就是杨辉三角。由以上分析可知,$(6,3)$表示的数是$\dfrac{1}{60}$。

四 应用与拓展：杨辉三角的妙用

1 阐明开方法则

我们通过具体的例子解释杨辉三角用于开方的方法与过程。以$(a+b)^2=a^2+2ab+b^2$为例,若$a\gg b$(a远大于b),将等号右边的代数式提取b,得到$a^2+(2a+b)b$。接下来我们把一个数的算术平方根分成几位数来求解,其中a是最高位上的数字,将$(a+b)^2-a^2$得到$(2a+b)b$,再用$(2a+b)b$除以$2a$得到的商为次高位上的数字。如果该数恰好等于$(2a+b)b$,那么$(a+b)^2$的算术平方根就为$(a+b)$,否则把$(a+b)$当作a,循环刚才的操作。

现在我们结合具体的题目,进一步理解开方的算理。例如要求19的算术平方根,由

$19=4^2+3$ 得 $a=4$，因为 $3÷(2×4)=0.375≠3$，所以第二位数取 3，a 修正为 4.3，故 $19=4.3^2+0.51$，$0.51÷(2×4.3)≈0.059$；第三位数取 5，a 修正为 4.35，如此操作，第四位数取 8，得到 $\sqrt{19}≈4.358$。这样一来，我们就可以算一个数的算术平方根了！同学们试着算一算 $\sqrt{11}$ 吧。

同样地，将 $(a+b)^3$ 写成 $a^3+(3a^2+3ab+b^2)b$，根据上面的思路与方法，我们还可以求一个数的立方根，甚至是任何正数的任意高次方根，这也就是程序化的数学思想和方法的优势，使得开方的操作系统化和规范化。

2 游戏中的"杨辉三角"

现在你能回答本节开头关于弹珠抽奖游戏的问题了吗？

> **例 4** 当小球从最上面掉落时，碰到第一层挡板后会等可能地向两侧掉落，碰到第二层挡板后再等可能地向两侧掉落，依此类推，直至小球落入底层。

[**分析**] (1) 从路径条数的角度分析。碰到障碍前只有一条路，故路径数为 1；第 1 层障碍前有左右对称的两条路，路径数分别为 1；第 2 层障碍前，最左和最右两条路只能由靠近自己一侧的上方路径通过，而最中间的路可以由第 1 层的两条路通过，故第 2 层的路径数变成了 1，2，1；依此类推，发现第 n 层障碍前的路径条数就是杨辉三角第 n 行的数字排列。如果这是一个 5 层的弹珠抽奖机，那么从左往右的路径条数分别为 1，5，10，10，5，1。从路径的条数可以知道，落在区域 C、D 的可能性最大，区域 A、F 的可能性最小。

(2) 从概率的角度分析。已知碰到第 1 层障碍前只有一条路，概率为 1；往下分为两条路，故概率分别为 $\frac{1}{2}$；该层的每一条路又分出两条路往下走，到第 2 层障碍后变成三条路，概率分别为 $\frac{1}{4}$，$\left(\frac{1}{2}+\frac{1}{2}\right)×\frac{1}{2}=\frac{1}{2}$，$\frac{1}{4}$；类似地，可以得到小球走某条路的概率是肩膀上的两个概率之和的一半，即 $P(C)=(P(C_1)+P(C_2))×\frac{1}{2}$，如图 15-13 所示。照

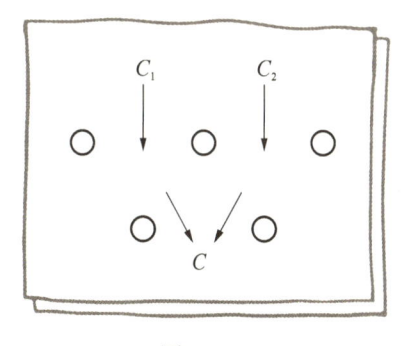

图 15-13

此规律,计算出小球通过各条路的概率,得到图 15-14。

仔细观察图 15-14,会发现每行的分数,将分母统一时,分子恰好构成了杨辉三角(图 15-15)。

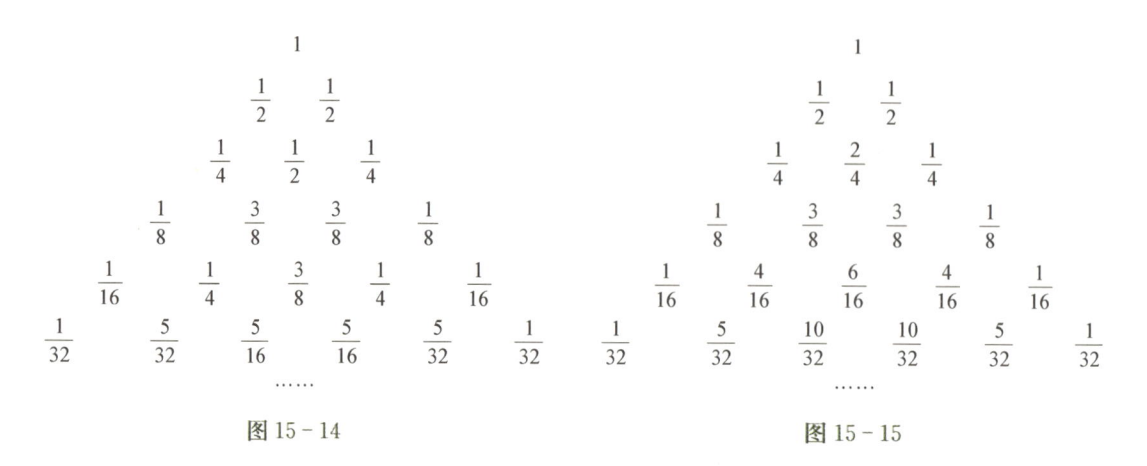

$$1$$
$$\frac{1}{2} \quad \frac{1}{2}$$
$$\frac{1}{4} \quad \frac{1}{2} \quad \frac{1}{4}$$
$$\frac{1}{8} \quad \frac{3}{8} \quad \frac{3}{8} \quad \frac{1}{8}$$
$$\frac{1}{16} \quad \frac{1}{4} \quad \frac{3}{8} \quad \frac{1}{4} \quad \frac{1}{16}$$
$$\frac{1}{32} \quad \frac{5}{32} \quad \frac{5}{16} \quad \frac{5}{16} \quad \frac{5}{32} \quad \frac{1}{32}$$
......

图 15-14

$$1$$
$$\frac{1}{2} \quad \frac{1}{2}$$
$$\frac{1}{4} \quad \frac{2}{4} \quad \frac{1}{4}$$
$$\frac{1}{8} \quad \frac{3}{8} \quad \frac{3}{8} \quad \frac{1}{8}$$
$$\frac{1}{16} \quad \frac{4}{16} \quad \frac{6}{16} \quad \frac{4}{16} \quad \frac{1}{16}$$
$$\frac{1}{32} \quad \frac{5}{32} \quad \frac{10}{32} \quad \frac{10}{32} \quad \frac{5}{32} \quad \frac{1}{32}$$
......

图 15-15

至此,弹珠抽奖游戏的奥秘彻底揭开了。那么,既要做到吸引顾客,又要控制风险和成本,如果你是商家,会怎么设置奖品呢? 可见,数学在我们的生活中大有用处!

无独有偶,杨辉三角在象棋游戏中也有迹可循。如图 15-16 所示,求兵到将的最短路线的条数就是杨辉三角的应用。并且,由此还能衍生出生活中的"纵横线路图"问题:如图 15-17 所示,从点 A 到点 B 有多处岔路口,若只能向右或向下走,那么从点 A 到点 B 有多少种不同的走法? 你能解决这个问题吗?

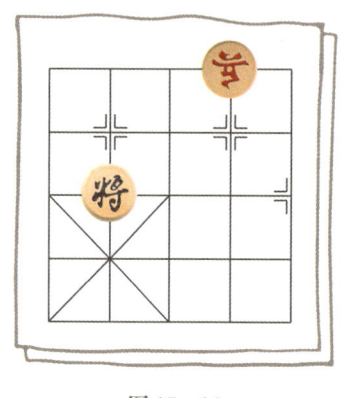

图 15-16

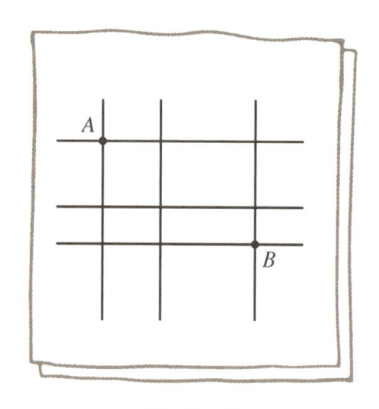

图 15-17

在这个专题中,我们领略了我国古人的睿智,探索了杨辉三角的部分性质,初步体验了数学公式化、程序化的算理和算法,感受了数学的神奇与美丽!

16　中华陶瓷文化中的数学：器蕴几何

你知道陶瓷的英文是什么吗？没错，china。可见，陶瓷是中华文化的象征。在我们的印象中，陶瓷最常见的功能可能就是作为容器了(图16-1)。其实，陶瓷因其具有高熔点、高硬度、高耐磨性和耐氧化等特性，被广泛应用于电子、建筑、医疗、化工、航空航天和汽车等领域。

图 16-1

从史前到现在，陶瓷贯穿了中华民族的发展史，以其独特的方式见证着我们前进的足迹。你知道吗？在古代陶瓷中还蕴含了数学的知识，主要体现在旋转体的结构以及纹样的对称性上面。下面，就让我们一起走入陶瓷和数学的世界。

一　追根与溯源：中华陶瓷文化

中华陶瓷文化悠久而灿烂，贯穿了华夏五千年文明史。严格来说，"陶"和"瓷"还有所不同，最先出现的是"陶"，后来才发展演变成"瓷"。目前可考证的最早成型的陶器(图16-2)，出土于江西新石器时代遗址仙人洞，距今约10000年。当时的陶器多以彩陶为主，为人类的生产和生活提供便利。随着时代的变迁，人们开始寻求内心的平衡和精神的寄托。由此，陶瓷开始作为人们表达宗教观念、图腾崇拜或是族类的标识，其造型、纹饰等在一定程度上反映了当时社会的文化氛围和艺术追求。

陶瓷是如何发明的呢？这里有一个有趣的传说。黄帝时期，宁封子带着族人烤鱼吃。刚生好火，听到了部落间传来打杀声，宁封子便让族人躲避。由于舍不得正在烤的鱼，宁封子用河泥把鱼裹起来，置于火堆里。等三天以后回来一看，鱼已经没了，只剩下外面的泥壳。宁封子意外地发现这个泥壳非常坚硬，正好用来制作容器。经过无数次的改良，他终于发明了陶器。黄帝闻后大喜，封他为官。从此，宁封子把制陶的经验传给了千家万户。

粗砂绳纹红陶罐

图 16 - 2

同学们，你们见过哪些美丽的陶瓷呢？可曾想过从数学角度来了解它们呢？

二 数学与文化：一捏一绘探索陶瓷的数学秘密

明代科学家宋应星(1587—1661)曾在《天工开物》里写道："共计一坯之力，过手七十二，方克成器。"这句话的意思是，一件手工瓷器的制作，要历经七十二道工序。从现代工艺和技术来看，陶瓷制作的主要工序包括练泥、拉坯、印坯、利胚、晒坯、刻花、施釉、烧窑、彩釉、检查与修补等等。

在这些工序中，有一个步骤决定着与我们见面的究竟是瓷碗还是瓷罐，这就是拉坯（图 16 - 3）。所谓拉坯，就是将湿的泥团放在旋转的轮盘上，利用惯性和离心力，制作出陶瓷的雏形。

拉坯

图 16 - 3

同学们，你们想过拉坯为什么需要旋转吗？在做好的坯体上绘制各种精美的纹饰，又会用到哪些数学知识呢？让我们一起在本专题中寻找答案吧！

1 旋转的艺术——陶瓷器造型与旋转几何体的联系

在拉坯时，工匠们会尝试借助各种形状的刮刀靠近正在旋转的泥坯，持刮刀的手保持不动直至泥坯形态显现完全。

这是什么原理呢？原来，这利用了旋转体的相关知识。如图 16-4 所示，如果我们将陶瓷和刮刀的截面抽象出来，将刮刀调整到不同的位置和角度，当拉坯机旋转时，就能得到各种不同形状的旋转体。

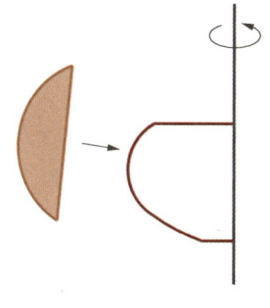

图 16-4

2 大做"纹"章——陶瓷上的几何图案

早在几千年前的新石器时代，祖先们就开始用图案来装饰生活，表达对美的追求。这些纹饰具体或抽象、简约或复杂，反映出我国不同时代的审美观念和文化心理，在陶瓷发展史上留下了浓墨重彩的一笔。

内蒙古师范大学代钦教授对彩陶图案以点、线、面的角度进行分类，如图 16-5～16-7 所示。

点纹鹰形壶	齿纹彩陶罐	三角纹圆底钵
图 16-5	图 16-6	图 16-7

而从图案设计学的角度，则可以将陶瓷上的纹样分为单独纹样、适合纹样和连续纹样。

(1) 单独纹样

在古代陶瓷器物上，单独纹样是绘制图案最基本的形式。单独纹样大多以假设的中心轴或中心点，使纹样左右、上下对翻或四周等翻。用数学语言来说，即呈现轴对称或中心对称。例如,图 16-8 的人面鱼纹彩陶盆,它是中国新石器时代最具代表性的一件彩陶器,构成形象奇特的轴对称图案。这些纹饰表达了先民们对于对称美的朴素追求,更是中国古代数学的萌芽。

(2) 适合纹样

适合纹样是指具有一定轮廓线限制的纹样(在陶瓷中轮廓多为圆形、正多边形等)。在适合纹样中有非常多的旋转变换图形,但旋转并不是随意地进行。以轮廓线为圆形为例,通常预先将圆周等分为 4 至 8 份,再将单位纹样旋转相同次数以布满整个轮廓。

图 16-9 展示的是一种著名的宝相花纹,是隋唐时期十分盛行的装饰纹样。宝相花纹由佛教中的莲纹演变而来,其圣洁、端庄、美观的花形,寄托着人们对生活的美好祝愿。

人面鱼纹彩陶盆

图 16-8

图 16-9

(3) 连续纹样

连续纹样分为二方连续纹样和四方连续纹样,并常以方形、圆形、三角形、菱形等为基础形,通过平移、旋转等变换实现图案的连续。如果说,单独纹样和适合纹样是"点",那么二方连续纹样是"线",四方连续纹样就是"面"。

二方连续纹样是以一个或几个纹样为单位纹样,在两条平行线之间,作有规律的排列所构成的带状纹样(图 16-10)。四方连续纹样则是可以向四面八方循环往复延伸(图 16-11),纹样布局均匀统一,整体感强。

二方连续纹样

四方连续纹样

图 16-10

图 16-11

三 实践出真知：数学教材中的中华陶瓷

工匠们利用了陶瓷的高度对称性塑造了一个个优美的器型。实际上，在陶瓷的拉坯过程中蕴含着旋转对称的数学思想，于是有的数学教材巧妙利用了陶瓷花瓶，培养学生进一步认识旋转几何体、发展空间观念的能力，例如北师大版数学教材七年级上册第一章中的一道题。

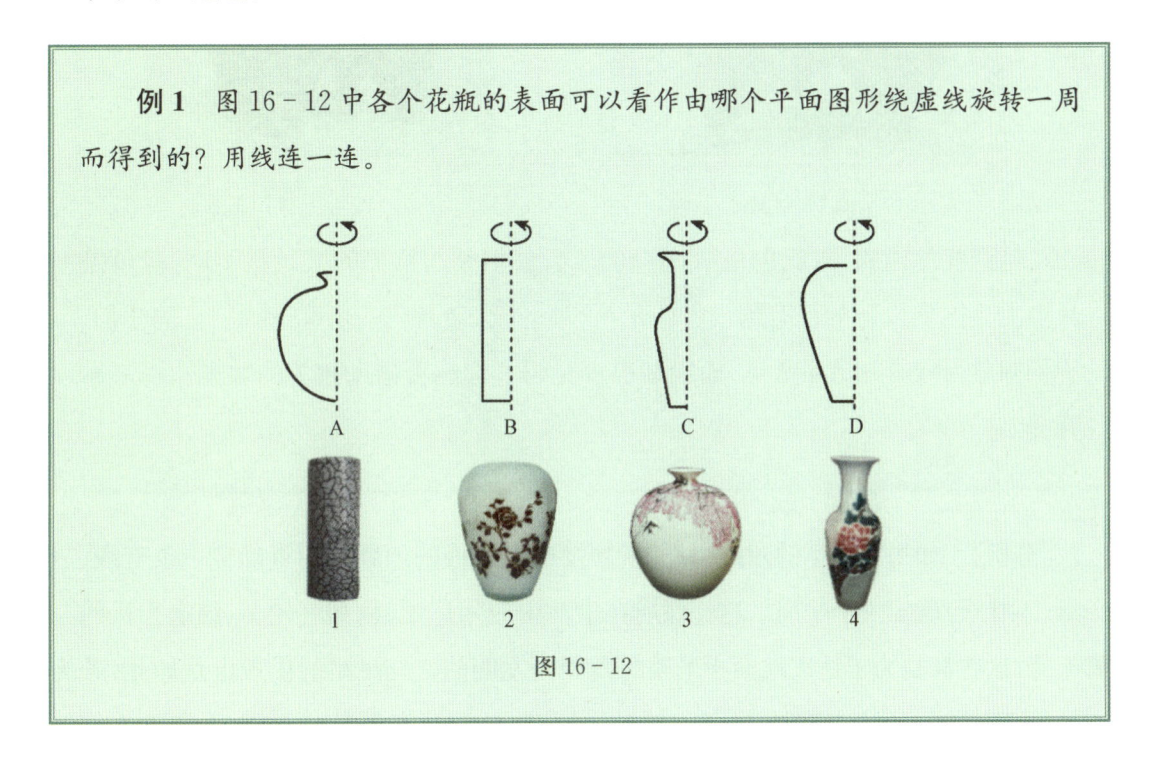

例1 图16-12中各个花瓶的表面可以看作由哪个平面图形绕虚线旋转一周而得到的？用线连一连。

图16-12

[分析] 本题主要考查学生对于"面动成体"过程的掌握能力，借助几何直观，结合平面图形的特点和选项中各个陶瓷花瓶的形状，不难得出答案：A—3，B—1，C—4，D—2。

看完了教材中的例子，再一起来看看下面这篇有趣的小文章吧！

例2

鬲(lì)足之谜

大家好，我是鬲(图16-13)！最早的我可以追溯到新石器时代，是用陶制成的。大家可能对我不太熟悉，我一般帮助人们蒸煮食物，类似于现在的锅。我的足部是空心的，就如兜风的口袋一般，鼓鼓囊囊的。等主人想煮饭的时候，就往我的足中盛满饭食，放在地上，生火加热。像我这样独特袋形腹可以扩大受热面积，很快地煮熟食物。发明我的人实在是太睿智了！对了，三足是我最典型的特征哦！

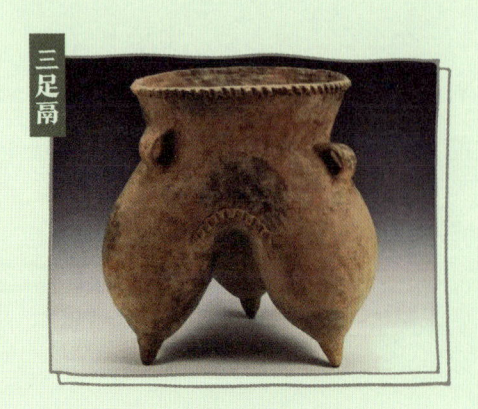

图 16 - 13

图 16 - 14

轮到我站出来了，我也是鬲(图 16 - 14)。但是与常见的三足鬲不同，我可是目前为止国内发现的仅有的一件四足鬲，独一无二的存在，俗称"孤品"。同学们，你们知道为什么三足鬲常见，而我却很少见吗？你能否借助相关的数学知识来解释呢？

[分析] 如果从数学的角度出发，就涉及确定平面的问题。两点确定一条直线，三个点(不共线)确定一个平面。这一性质在生活中应用广泛，例如三轮车、稳定相机的三脚架等，这些都是为了适应地面不平整的需要而发明的。三足鬲的出现也是如此，若为四足鬲，则可能无法保证四个足同时接触到地面，导致其容易晃动不稳，不便于人们的日常生活。因此三足鬲常见，而四足鬲不常见。

四 应用与拓展：揭开古陶瓷纹饰的神秘面纱

> 设计一个创新的"概念"陶瓷

已经了解了这么多关于陶瓷造型和纹饰的知识，同学们快快发挥自己的想象力，利用材料制作一个独具特色的"概念"陶瓷吧！

材料准备

橡皮泥、硬纸片、马克笔。

制作步骤

1. 利用橡皮泥或者硬纸片制作自己想要的"陶瓷"，可以是正方体、圆台，也可以是任意几何体的拼接；

2. 在你的"陶瓷"表面借助学过的纹样知识,绘制你喜欢的图案,如图 16-15 所示;

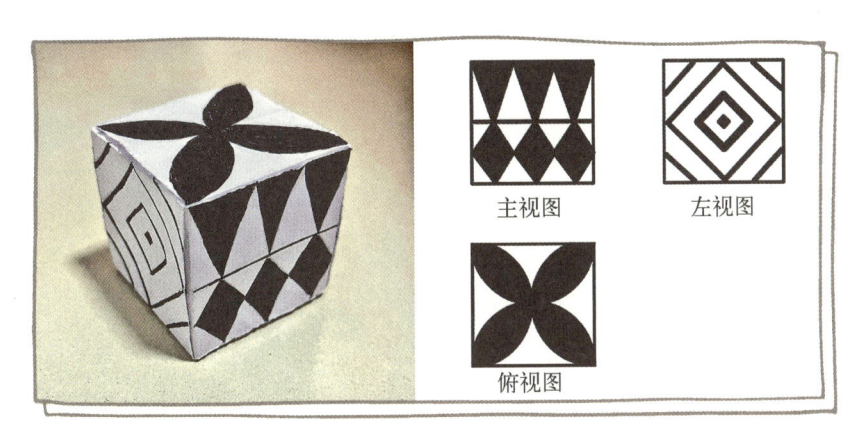

图 16-15

3. 给你的"陶瓷"作品做一个全方位的产品设计说明。可以包括作品名称、用途、三视图以及制作过程中运用的数学知识。

当然也可以用其他材料进行创意设计。比如利用一次性纸盘,用蓝色马克笔,将外圈弦纹作二方连续纹样处理;对于内圈,将花瓣和花蕊作为基础图形进行 5 次旋转就可得到适合纹样,这样一个"青花瓷盘"(图 16-16)就制作好了!

在这个专题中,我们探索了中华陶瓷文化蕴含的数学奥秘,感受到了传统文化的博大精深,更惊叹于先民们的聪明才智和对美的朴素追求。随着历史的变迁,许多物品都已成为过去,然而古陶瓷却依旧惊艳众人,向我们诉说着数千年前的故事……

图 16-16

17 中国古代几何学基本原理：出入相补原理

> 谈到几何，我们在中小学阶段学习的主要是欧氏几何，这是一套逻辑演绎形式的系统，标志着公理化方法的诞生。与欧氏几何体系不同，我国古代数学没有形成像《几何原本》那样的公理化体系，而是更强调机械化的程序算法，并形成了风格独特的另一套几何体系。我国古代几何学的特色之一，就是在经验成果的基础上，抽象概括出解决实际问题的一般方法和原理，并将它应用到各种各样的问题上。出入相补原理就是其中最基本的一条原理。

一 追根与溯源：出入相补原理的产生和发展

魏晋时期数学家刘徽在为《九章算术》"勾股"章作注解时写道："勾自乘为朱方，股自乘为青方，令出入相补，各从其类，因就其余不移动也，合成弦方之幂，开方除之，即弦也。"这就是出入相补原理中"出入相补"四个字的由来。

数学家吴文俊将出入相补原理用现代语言概括为："一个平面图形由一处移置他处，面积不变。又若把图形分割成若干块，那么各部分面积和等于原来图形的面积，因而图形移置前后各个面积的和、差有简单的相等关系，立体的情形也是这样。"

事实上，从其中蕴含的思想来说，古人对出入相补原理的认识和应用可以追溯到先秦。"今楚国虽小，绝长续短，犹以数千里，岂特百里哉？"这是《战国策·楚策四》中庄辛对楚襄王的规劝。庄辛说："现在楚国虽小，但是截长补短，算来也还有数千里，哪里只是百里土地呢？"这里，庄辛采用了"截长补短"的方法计算楚国的国土面积。

除此之外，许多先秦文献中都有类似的思想：各部分的量发生了变化而总量不变。例如《老子》中的"损有余而补不足"，《礼记·王制》中的"凡四海之内，断长补短，方三千里"，《战国策·秦策一》中的"今秦地形，断长续短，方数千里"等等。这充分说明，先秦诸子具有认识和应用出入相补原理的思维背景，只不过在当时，它并没有被提炼概括为一般原理。

虽然出入相补原理看起来是很显然的结论，但仅依靠它就能够建立我国古代平面多边形的面积理论。同时，它还与另外两条"简明原理"——刘徽原理、祖暅原理，共同建立了我国古代整个多面体的体积理论，形成了不同于西方的一套独特而富有生命力的几何体系。

二 数学与文化：出入相补原理中的数学

"出入相补原理"是我国古代数学家依据面积、体积、测量这些方面的经验成果总结提炼成的一条简明原理，并被用于我们所熟知的《九章算术》《九章算术注》《详解九章算法》等数学文献和一些能够体现"数形结合"的数学算法中。下面对此进行详细介绍。

1 出入相补原理与平面多边形面积理论

回顾平面多边形面积公式的学习历程，我们最早接触的是正方形、长方形的面积公式，因为矩形是所有平面几何图形中最简单、最基本的图形。中国古代数学典籍《九章算术》也最先在"方田"章给出了方田（长方形）的面积公式，即长乘宽，随后有了圭田（等腰三角形）、邪田（直角梯形）、箕田（等腰梯形）等其他平面几何图形的面积公式，但均没有论证。数学家刘徽在为《九章算术》作注解时，将长方形作为基本图形，采用出入相补原理对其他平面几何图形的面积公式进行了论证。

《九章算术》中有记载，"圭田术曰，半广以乘正从"，"广"是指等腰三角形的底边，"从"是指底边上的高。"半广以乘正从"，如图 17-1(1) 所示，取底的一半，以盈补虚，出入相补，方田的面积即为圭田的面积。刘徽对它的注文如下："半广知，以盈补虚为直田也。亦可半正从以乘广。按：半广乘从，以取中平之术，故广从相乘为积步。亩法除之，即得也。"

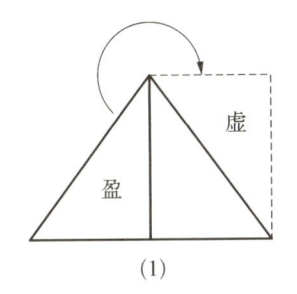

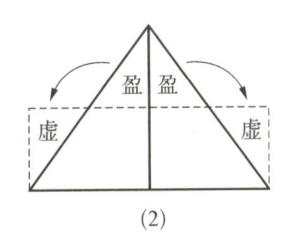

图 17-1

"亦可半正从以乘广"，如图 17-1(2) 所示，也可以取高的一半，以盈补虚，同样可以变为方田。用数学符号语言来表达，等腰三角形的面积可以表示为 $S = \dfrac{a}{2}h$，也能表示

为 $S = \dfrac{h}{2}a$（a 为底，h 为高）。

对于邪田（直角梯形）和箕田（等腰梯形），同样可以采用出入相补法求面积。如图 17-2 所示，是直角梯形面积以盈补虚的两种方式，图 17-2(1) 表示将直角梯形的上底和下底之和取半乘高，图 17-2(2) 表示取直角梯形高的一半乘上底和下底之和，所以直角梯形的面积可以表示为 $S = \dfrac{a+b}{2}h$ 或 $S = \dfrac{h}{2}(a+b)$（a 和 b 分别为上底和下底，h 为高）。

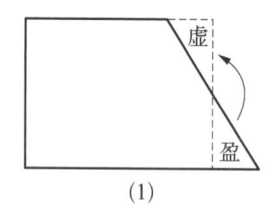

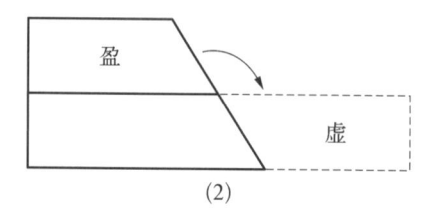

图 17-2

而图 17-3 则是求等腰梯形面积的两种方式，请你说一说图 17-3(1) 和图 17-3(2) 分别代表什么含义吧！

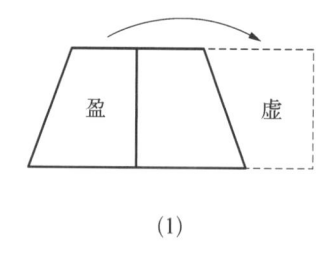

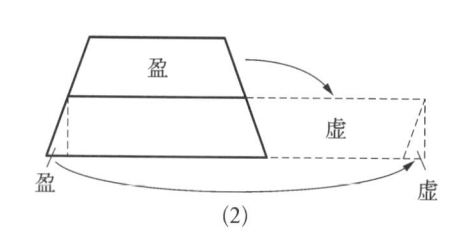

图 17-3

刘徽还证明了，等腰三角形通过以盈补虚能够转化为长方形，任意三角形也能够转化为长方形（图 17-4）。

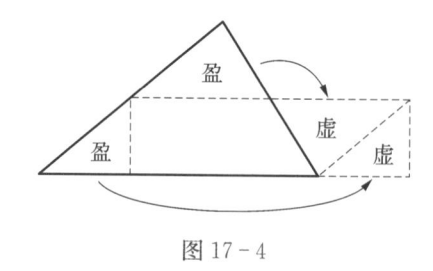

图 17-4

如图 17-5 所示，由于平面内的任意多边形均可以分割成若干个三角形，因而任意多边形的面积也能够转化为若干个长方形的面积。由此，中国古代数学家仅仅依靠出入相补原理就建立了关于平面多边形面积的理论。

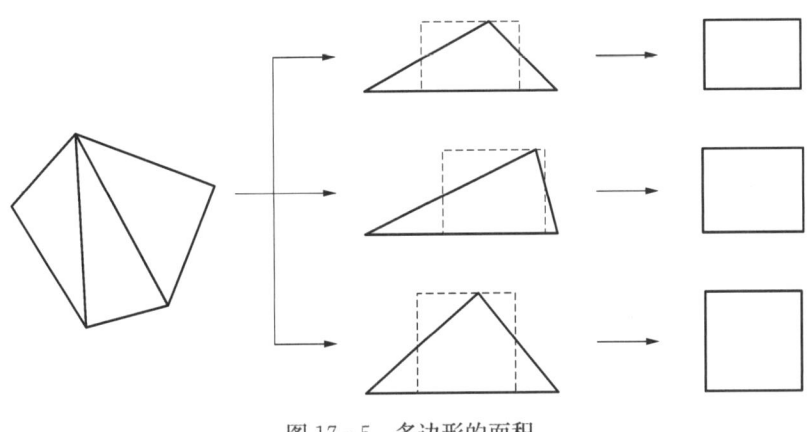

图 17-5 多边形的面积

2 出入相补原理与容直容横原理

我们再来思考下面这个问题。如图 17-6 所示,设点 F 是矩形 $ABCD$ 的对角线 BD 上的任意一点,过点 F 分别作一组邻边的平行线 EH、GJ,直线 EH 分别与边 AB、CD 交于点 E、H,直线 GJ 分别与边 BC、AD 交于点 G、J,你能在这个图形中找到哪些线段的比例关系呢?

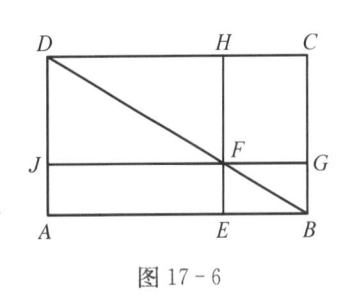

图 17-6

根据"三角形的相似性"的相关知识,很快就能得到几组线段的比例关系。例如,根据 $\triangle DJF \backsim \triangle FEB$,得出 $\dfrac{DJ}{FE}=\dfrac{JF}{EB}$,从而得到 $\dfrac{JF}{FG}=\dfrac{HF}{FE}$。

我们之所以会有这样迅速的反应,是因为我们所学习的中学几何知识采用的是欧氏几何公理化体系,我们脑海中的大多数几何知识,是欧氏几何演变的结果。而在古代中国,数学家们尚未接触欧氏几何,他们是如何解决这一问题的呢?

我国古代数学家杨辉在《详解九章算法》中给出了这样一种解法:"直田之长名为股,其阔名勾,于两隅角斜界一线,其名弦。弦之内外分二勾股,其一勾中容横,其一股中容直,二积之数皆同。"简单来说,如图 17-6 所示,杨辉认为,矩形 $FEAJ$ 的面积等于矩形 $CGFH$ 的面积。为什么这两个矩形的面积相等呢?可作如下解释:如果把图形看作由 $\triangle DBC$ 旋转至 $\triangle BDA$ 处,同时 $\triangle FDH$,$\triangle BFG$ 分别移到 $\triangle DFJ$ 和 $\triangle FBE$ 处,那么 $\triangle BDA$ 中空出的一块矩形 $FEAJ$ 的面积与 $\triangle BDC$ 中剩下的一块矩形 $CGFH$ 的面积相等,即 $S_{矩形FEAJ} = S_{矩形CGFH}$。根据矩形的面积公式可得 $JF \cdot FE = HF \cdot FG$,由此得到 $\dfrac{JF}{FG} = \dfrac{HF}{FE}$。

杨辉并没有用到"三角形的相似性"的知识，但得到了相同的线段比例关系，从中大家也能够看到古代中西方在研究几何学的方法上的差异性。由于在这个问题中，出现的两个矩形一个横着，一个竖着，故称这两个矩形的面积相等的结论为"容直容横原理"。在容直容横原理中，最关键的是要抓住两个矩形面积相等，而该如何去解释这个相等关系，其中就蕴含了出入相补原理。

3 出入相补原理与"开带从平方"

"开带从平方"是中国古代的一种算法，指求形如 $x^2+Bx=A$（$A>0$，$B>0$）的一元二次方程的正根的一种方法。

如图 17-7 所示，四边形 $ABCD$ 是一正方形，在 BC，CD 边上分别取两点 H，K，使得 $CH=CK$，并分别过 H，K 两点作对边 AD，AB 的垂线交于点 G，E，线段 GH，EK 交于点 F。易知四边形 $AGFE$ 和四边形 $CHFK$ 为一大一小两个正方形，四边形 $DKFG$ 和四边形 $BEFH$ 为两全等矩形。所以将矩形 $DKFG$ 裁下拼接至矩形 $ICKJ$ 处，便能与矩形 $CBEK$ 构成一个新的矩形 $IBEJ$。此时有 $S_{矩形IBEJ}=S_{正方形CHFK}+2\times S_{矩形ICKJ}$，即 $CK^2+2\times IC\times CK=S_{矩形IBEJ}$。

图 17-7

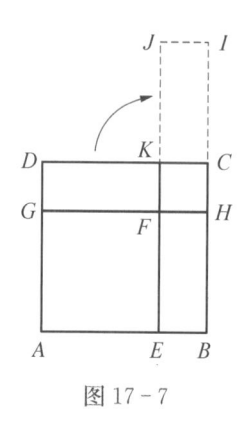

该式与一元二次方程 $x^2+Bx=A$（$A>0$，$B>0$）的形式一致，所以不妨令 $x=CK$，$B=2\times IC=2\times GF$，$A=S_{矩形IBEJ}$。问题转化为已知 GF、$S_{矩形IBEJ}$，求 CK。由于 $CK=CD-DK=CD-GF$，而 $CD=\sqrt{S_{正方形ABCD}}=\sqrt{S_{正方形AGFE}+S_{曲尺形EBCDGF}}$，由出入相补原理知，$S_{矩形IBEJ}=S_{曲尺形EBCDGF}$，所以 $CD=\sqrt{S_{正方形AGFE}+S_{矩形IBEJ}}=\sqrt{\left(\dfrac{B}{2}\right)^2+A}$，所以 $x=CK=\sqrt{\left(\dfrac{B}{2}\right)^2+A}-\dfrac{B}{2}$。

以 $x^2+4x=5$ 这个一元二次方程为例，由上述公式可得它的一个正根为 $x=\sqrt{2^2+5}-2=1$。遗憾的是，"开带从平方"只能求出固定形式的一元二次方程的一个正根，这与出入相补原理的使用情境相关，应用出入相补原理往往需要结合图形的边长或面积，相关数据均为正值，因此其所能解的一元二次方程问题也大大受限了。但尽管如此，出入相补原理在古算数书中的应用仍然十分丰富，它作为一条简明原理，体现在数学的方方面面，在我们的中考题和教材中也有出入相补原理的身影。

三 实践出真知：教材和中考题中的出入相补原理

1 教材中的出入相补原理

其实，从小学开始，我们就在不知不觉中学习了出入相补原理，除了三角形、平行四边形、梯形的面积公式推导，出入相补原理同样被用于圆面积公式的推导。2022年版人教版数学教材六年级上册第二章"圆"给出了圆面积的推导过程：把圆分成若干（偶数）等份，每一份都近似于等腰三角形，分的份数越多，每一份就越小，拼成的图形就会接近于一个长方形，如图17-8所示。通过出入相补原理，我们体会到了圆面积在分割和拼补过程中所渗透的"极限思想"，所以很容易就理解了面积公式的来龙去脉。

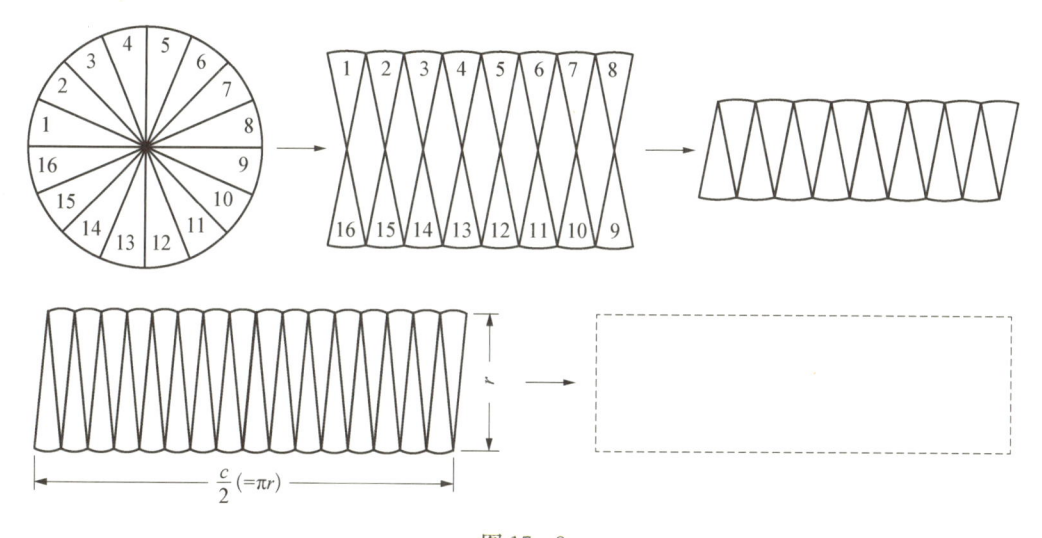

图 17-8

出入相补原理不仅仅被用来说明图形面积出入不变，还是"数"与"形"转化的重要桥梁！乘法公式是我们初中阶段的重要知识点，接下来，请你试着结合出入相补原理，构造几何图形，来探究我们所熟知的两个乘法公式的几何意义吧。

以前，我们在课堂上采用直接的公式推导法，结合多项式乘法的相关知识，总结出形如 $(a+b)(a-b)$ 和 $(a\pm b)^2$ 等式子的计算结果，作为能够直接应用的计算公式：平方差公式和完全平方公式。其实，当 a 和 b 均为正实数，且 $a>b$ 时，我们可以构造几何图形来验证乘法公式。以平方差公式为例，如图17-9(1)所示，构造一个长和宽分别为 $a+b$ 和 $a-b$ 的矩形，该长方形的面积为 $(a+b)(a-b)$，在长方形上剪下一个长为 $a-b$，宽为 b 的矩形，拼接到图17-9(2)所示的位置，得到一个新的图形，易知该图形的面积为 a^2-b^2。由出入相补原理可知，拼补前后图形的面积相等，所以 $(a+b)(a-b)=$

a^2-b^2。这是平方差公式的一种几何验证方法,请细细体会这种用图形构造来进行几何验证的方法的精妙之处,并自行探索以下 3 个问题。

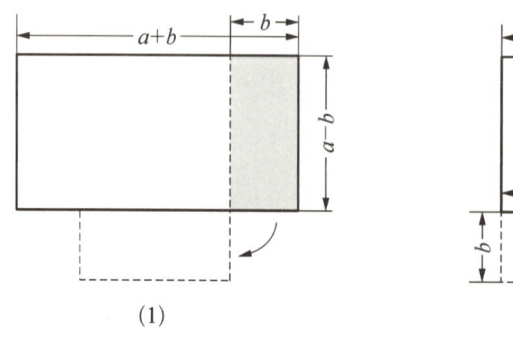

图 17 - 9

(1) 请你想一想,是否还有其他的图形构造方法来验证平方差公式呢?

(2) 对于完全平方公式 $(a\pm b)^2=a^2\pm 2ab+b^2$,你能否构造几何图形进行验证呢?

(3) 基本不等式 $\dfrac{a+b}{2}\geqslant\sqrt{ab}$ ($a>0,b>0$) 是高中阶段将要学习的一个重要不等式,你能用与上述类似的方法进行验证吗?

2 中考题中的出入相补原理

早在 2017 年,用出入相补原理推得容直容横原理就是北京市中考数学的考点之一。

例1(2017·北京) 数学家吴文俊院士非常重视古代数学家贾宪提出的,从长方形对角线上任一点作两条分别平行于两邻边的直线,则所容两长方形面积相等(图 17 - 10)这一推论,他从这一推论出发,利用"出入相补"原理复原了《海岛算经》九题古证。(以上材料来源于《古证复原的原理》《吴文俊与中国数学》《古代世界数学泰斗刘徽》)

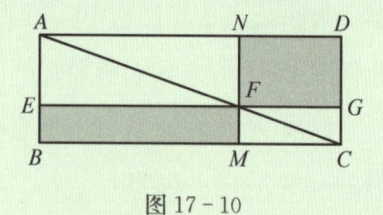

图 17 - 10

请根据该图完成这个推论的证明过程。

证明:$S_{矩形NFGD}=S_{\triangle ADC}-(S_{\triangle ANF}+S_{\triangle FGC})$,$S_{矩形EBMF}=S_{\triangle ABC}-(\underline{\qquad}+\underline{\qquad})$。易知,$S_{\triangle ADC}=S_{\triangle ABC}$,$\underline{\qquad}=\underline{\qquad}$,$\underline{\qquad}=\underline{\qquad}$。可得 $S_{矩形NFGD}=S_{矩形EBMF}$。

[分析] 该问题对图形面积进行等量转换,两个面积相等的图形分别减去相同的面积,剩余图形虽然形状不同,但是面积仍然相等,考查了学生的"等量代换"思想。

四 应用与拓展：出入相补原理中的思想方法

在平方差公式的几何意义探究中,我们根据如图 17-9(1)所示几何图形的特点,构造了如图 17-9(2)所示的一个新的几何图形,其中的重点在于抓住"面积"这个不变量,从整体把握部分的特征。由此看出,出入相补原理蕴含着中国传统思维的整体性思想,将问题的条件和结论的内在联系作为一个整体从直觉上进行把握。

不知道同学们是否有这样的疑惑：既然我国古代的数学家已经发现了直角三角形中线段的比例特征,那为什么没有提出相似性的概念呢？我们推测,或许数学家当时确实认识到了直角三角形的相似性,但中国古代数学重视实践,考虑的几乎所有的几何问题,都是测量距离等实际问题,这些问题多数依赖于直角三角形的使用,有关直角边的比例问题已经能用容直容横原理得到解决,而直角三角形的斜边问题也能用勾股定理得到解决,对于一般的相似图形,我们没有发现它们的实际用途,所以一般图形的"相似性原理"并没有为中国古代数学所认识和使用。中国古代数学的价值观念是技艺实用,而西方数学以用数学解释一切为价值取向,正是中西方古代数学的价值取向不同,导致在同一些数学问题上的解法不同。以出入相补原理为例,我们在学习中西方数学时,也应兼收并蓄,以理性的态度去对待这种差异性。

虽然运用出入相补原理解题的程序相对繁杂,但是其中蕴含了许多相似性方法所没有的数学思想。除此之外,出入相补原理不仅适用于平面几何图形,还适用于立体几何图形,我国古代数学家也曾用它来推导立体图形的体积公式。请你查阅相关资料,循着古人的脚步,进一步探究出入相补原理,感悟其中的奥妙吧！

18 光影与数学的完美结合：皮影戏

在过去没有电视、电影的年代，皮影戏作为民间广泛流行的娱乐活动，给人们增添了很多乐趣。在灯光照射下，艺人们隔着幕布，操纵用兽皮或者纸板做成的影偶，配上独特的唱腔和民间戏曲，灵活地运用声光色影，使本是静态的皮影人"活"了起来（图18-1）。其实，早在唐宋时期，皮影戏就已经开始盛行。现在，让我们一起来探索光影之下蕴藏的奥秘吧！

图 18-1

一 追根与溯源：皮影戏的由来

皮影戏诞生于中国传统文化的土壤中，不过关于皮影戏的起源尚无定论。相传，汉武帝爱妃李夫人染疾去世，汉武帝悲痛不已。大臣李少翁为了缓解他的思念之情，用棉帛剪成李夫人的模样，涂上颜色，并在四肢装上木杆，表演给汉武帝看。结果汉武帝泪如雨下，皮影戏从此诞生。而到了唐朝，盛行佛教，教徒借助皮影戏传播佛教，"以影说法"让皮影戏更加流行。

也有说法认为，皮影戏的产生经历了从手影戏到纸影戏，再到皮影戏的过程。手影戏我们都很熟悉，只要借助光线，通过手指、拳头、手掌等的造型组合，就能创造出兔、狗、狼等不同形象。后来，在剪纸、木偶、影灯等的启发影响下，制作了表演所需的影偶，并由此先后出现了用白纸雕刻而成的纸影戏和"彩色装皮"的皮影戏（图18-2）。

图 18-2

同学们,不妨借助身边的网络资源,与同伴们一起欣赏绝妙的皮影戏表演,感受光影之下的非遗艺术,探究其中的数学奥秘!

二 数学与文化:皮影戏中的数学

1 形成中心投影的三要素

由同一点出发的光线所形成的投影叫作**中心投影**。

通过皮影戏的成影过程,我们知道中心投影的形成需要满足三个条件:一是光源,具体来说是点光源,即理想化为质点的光源,光源发出的光线叫作**投射线**;二是有一个能呈现投影的平面,即**投影面**,也就是皮影戏中的幕布;三是有物体(影偶)存在,且物体处于光源和投影面之间。可见,光源、影偶、幕布是表演皮影戏不可或缺的因素(图 18-3)。

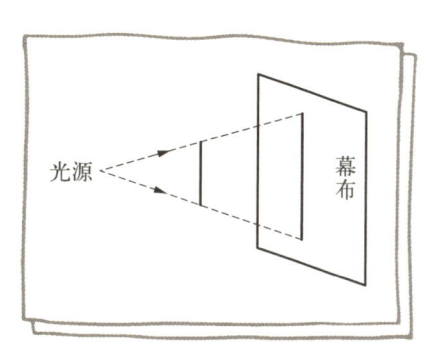

图 18-3

2 影子大小与影偶到光源距离的关系

容易想到,影偶到光源距离的变化会形成不同的影子。那么,如果固定住光源和幕布的位置,将同样一个影偶拿得离光源近一点或者远一点,幕布上的影子会有什么变化呢?

我们将点光源、光线、实物与投影抽象出来,将实际问题转化为数学问题(图 18-4)。为了方便,我们把影偶看成是一个

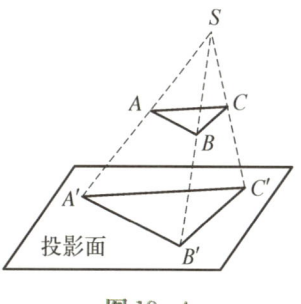

图 18-4

与△A′B′C′所在的投影面平行的△ABC,因为△ABC与△A′B′C′是位似图形,AC∥A′C′,所以△SAC∽△SA′C′,所以

$$\frac{SA}{SA'}=\frac{AC}{A'C'} \Rightarrow A'C'=\frac{SA' \times AC}{SA}$$

又由于 SA' 和 AC 的长度是固定的,当 SA 越小时,$A'C'$ 越大,也就说明当影偶离光源越近,投影越大,这就是俗称的"近大远小"。相比之下,路灯下的人在走动时,其离路灯越近,在地上的影子长度反而越短(图 18-5),你知道该如何解释这两者的区别吗？

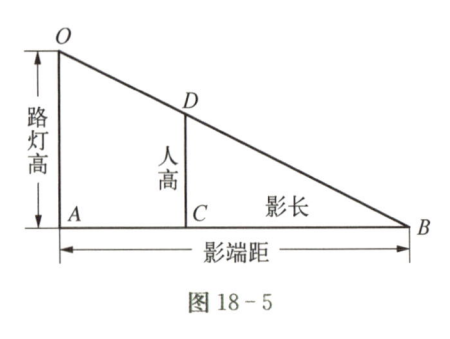

图 18-5

三 实践出真知：教材与中考题中的皮影戏及投影

皮影戏的背后是关于投影的数学知识,我们再来看看初中数学教材与中考题中有关皮影戏及投影的内容。

1 教材中的皮影戏及投影

不同版本的初中数学教材大多借助皮影戏介绍投影及中心投影。2013 年版浙教版数学教材九年级下册第三章第 1 节"投影"的引言中展示了皮影人的形象,并用文字描述皮影戏(图 18-6)。随后还以插图的方式展示了手影戏,介绍中心投影的概念。

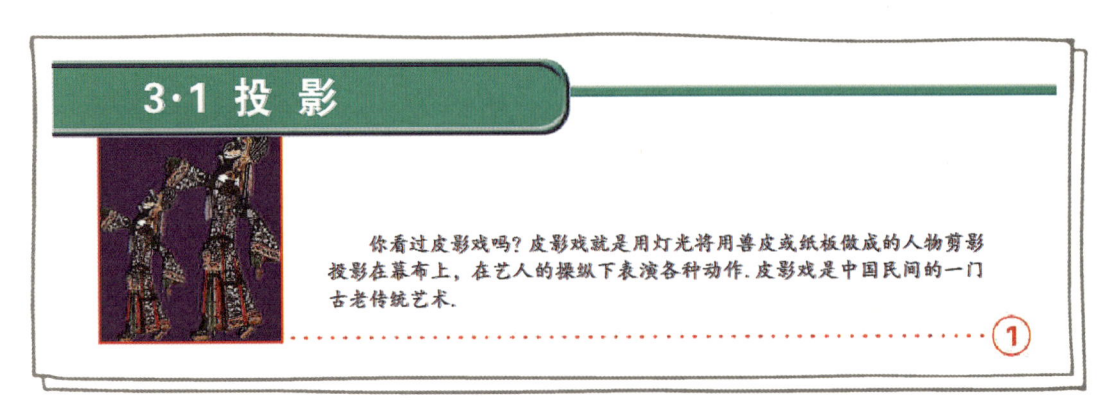

图 18-6

2013 年版人教版数学教材九年级下册第二十九章第 1 节"投影"中,采用了皮影戏插图,并说明了影子的形状不仅与物体的形状有关,也与光线的照射方式有关(图 18-7)。

物体在日光或灯光的照射下，会在地面、墙壁等处形成影子（图29.1-1）。影子既与物体的形状有关，也与光线的照射方式有关。

图 18-7

2013年版北师大版数学教材九年级上册第五章第1节"投影"中，先呈现了皮影戏与手影的图片，然后在"读一读"栏目中详细介绍皮影戏（图18-8）。

皮影　　　　　　　　　　　　手影

读一读

皮影戏

皮影戏是用兽皮或纸板做成的人物剪影来表演故事的戏曲．表演时，用灯光把剪影照射在银幕上，艺人在幕后一边操纵剪影，一边演唱，并配以音乐．皮影戏也称为影戏、灯影戏、土影戏等．

图 18-8

作为皮影戏的推广，投影在生活中的应用不仅在数学教材中备受关注，还在数学试题中多次出现。

2 中考题中的投影

例1（2021·江苏南京） 如图18-9所示，正方形纸板的一条对角线垂直于地面，纸板上方的灯（看成一个点）与这条对角线所确定的平面垂直于纸板。在灯光照射下,正方形纸板在地面上形成的影子的形状可以是( )。

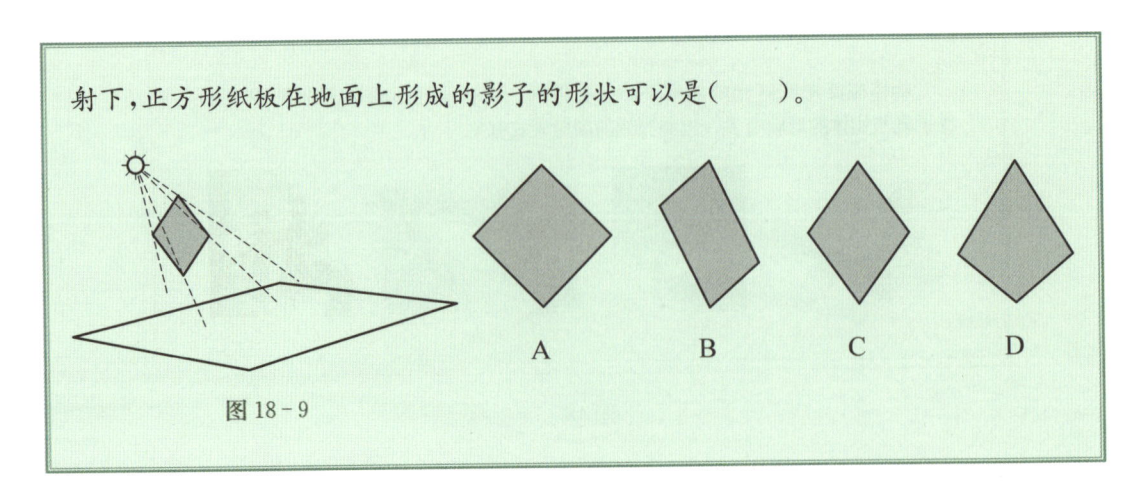

图 18-9

[分析] 本题综合考查了中心投影、轴对称性的知识。设正方形纸板中垂直于地面的对角线为 l,由于正方形是轴对称图形,且对角线 l 所在的直线是其中一条对称轴,则在地面上的投影关于对角线 l 的投影所在的直线对称。因为灯在纸板上方,所以上方投影比下方投影长,故选 D。

例 2(2016·湖南永州) 圆桌面(桌面中间有一个直径为 0.4 m 的圆洞)正上方的灯泡(看作一个点)发出的光线照射平行于地面的桌面后,在地面上形成如图 18-10 所示的圆环形阴影。已知桌面直径为 1.2 m,桌面离地面 1 m,若灯泡离地面 3 m,则地面圆环形阴影的面积是( )。

A. 0.324π m^2　　　　　　B. 0.288π m^2
C. 1.08π m^2　　　　　　　D. 0.72π m^2

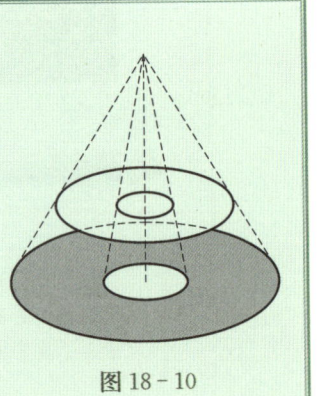

图 18-10

[分析] 本题利用相似三角形的应用,结合中心投影解决实际问题。

如图 18-11 所示,因为 $AC \perp OB$,$BD \perp OB$,所以 $AC \parallel BD$,所以 $\triangle AOC \backsim \triangle BOD$,于是 $\dfrac{OA}{OB} = \dfrac{AC}{BD}$,即 $\dfrac{3-1}{3} = \dfrac{1.2 \times \dfrac{1}{2}}{BD}$,解得 $BD = 0.9$ m。同理,由 $AC' = 0.2$ m,得 $BD' = 0.3$ m,因此 $S_{阴影} = 0.9^2\pi - 0.3^2\pi = 0.72\pi$ (m^2),故选 D。

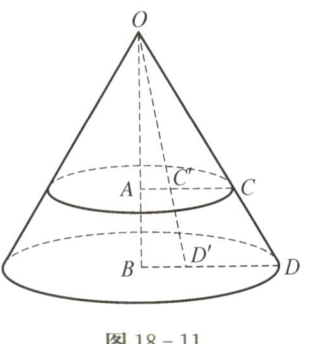

图 18-11

例3(2010·江苏南京) 如图 18-12 所示，夜晚，小亮从点 A 经过路灯 C 的正下方沿直线走到点 B，他的影长 y 随他与点 A 之间的距离 x 的变化而变化，那么表示 y 与 x 之间的函数关系的图像大致为（　　）。

图 18-12

A　B　C　D

[分析]　本题借助相似三角形，考查了中心投影的特点和规律。

如图 18-13 所示，当小亮走至点 E 处，设其身高 $GE=h$，$CF=l$，$AF=a$。当 $x \leqslant a$ 时，在 △OEG 和 △OFC 中，$\angle GOE = \angle COF$（公共角），$\angle AEG = \angle AFC = 90°$，所以 △OEG∽△OFC，于是 $\dfrac{OE}{OF} = \dfrac{GE}{CF}$，即 $\dfrac{y}{a-x+y} = \dfrac{h}{l}$，

图 18-13

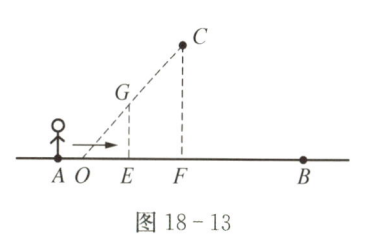

$y = -\dfrac{h}{l-h}x + \dfrac{ah}{l-h}$。这里 a、h、l 都是固定的常数，所以自变量 x 的系数是固定值，此函数肯定是一次函数，即图像是直线；影长将随着人离灯光越近而越短，人到灯下的时候，将是一个点，影长为 0。此后影长随着人离灯光越远而越长。故选 A。

可以发现，中考题注重对中心投影的考查，且大多与相似三角形结合出现。

四　应用与拓展：平行投影与中心投影

皮影戏中采用的投影方式为中心投影。与之相对，由于太阳形成的光线是平行的，因此由太阳光线形成的投影被称为**平行投影**。我们之前介绍过的圭表，就是利用太阳光的平行投影来测定时间的。下面分别简要介绍一下这两种投影方式及其应用。

1 平行投影

根据投射线与投影面是否垂直，平行投影又分为**正投影**和**斜投影**。我们初三学的三

视图,就是正投影。而试卷上经常出现的立体图形(图 18-14),则属于斜投影,并且一般采用斜二测画法,即长和高不变,宽度一般与水平方向呈 $45°$,且长度变为原来的 $\dfrac{1}{2}$。

平行投影因为能较精确地反应物体的尺寸和几何特性,被广泛应用于工程图纸、建筑平面图、机械设计等领域。

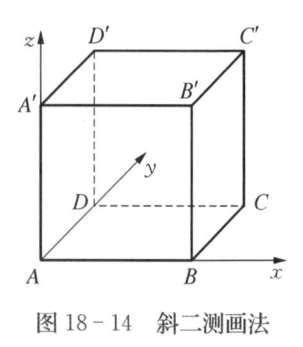

图 18-14　斜二测画法

2 中心投影

中心投影下的物体直观图将原来平行的直线聚焦于一点,造成了近大远小的视觉效果,增强了立体感。由于这一特性,基于中心投影法的透视图,在绘画艺术中起着重要作用,适用于模型的效果展示(图 18-15)。此外,投影仪、照相机、摄影机、电影放映机等设备都采用了中心投影法成像。

图 18-15

然而,当中心投影的投影中心、物体和投影面的相对位置改变时,直观图的大小和形状也会发生变化,所以中心投影具有不易度量的特点,不能反映物体的真实大小,因此在画工程样图中很少采用。

顺便提一下,如果把平行投影看成投影中心在无穷远点的中心投影,就可以将平行投影和中心投影统一起来,相关的数学分支被称为**射影几何**。

在这个专题中,我们学习了皮影戏中蕴含的数学文化,还探索了光影之下的数学奥秘,体会了平行投影和中心投影的应用价值。希望同学们能有所收获。

附录

表 1 "制作简易的吸管乐器"实验问题导引清单

环节	主干问题	提示及注意事项
提出问题	问题 1：用吸管是否可以吹出声音？	请选择一根口径较粗(1 cm～1.2 cm 为宜)的吸管进行尝试 （注：吹奏时，注意需用手指堵住下端，上端向内壁吹气）
	问题 2：以吹奏出一首完整的乐曲为目标，该如何吹出不同的声音？和哪些因素有关？	音调与吸管的材质、口径大小(粗细)、长度等有关 （注：本活动着重探究"长度"因素对音调的影响）
	问题 3：聚焦于音调和吸管长度的关系，改变吸管长度真的能吹出不同的音调吗？	选取同一材质的吸管，改变其长度后进行吹奏，验证你的猜想
	问题 4：想要吹出中音 la，应该使用长度为多少的吸管？	音调可以用频率进行量化表示。不同的吸管长度对应不同的频率。思考：是否可以找到长度和频率之间的数量关系？具体该如何做？
收集数据	问题 5：在数学中，我们如何来研究两个变量(吸管长度、频率)之间的关系？ 问题 5-1：现要用函数来研究两者之间的关系，具体应该怎么做呢？ 问题 5-2：我们需要收集什么数据？	可运用刻度尺和物理实验软件 phyphox 测出吸管的长度和此长度下吹吸管的振动频率并记录 （注：参考数据见表 2。采用的是口径为 1.2 cm 的塑料材质吸管，由于会受到音频采集环境等外界因素的干扰，存在一定合理范围内的误差，故相关数据仅供参考）
建立模型	问题 6：观察所得数据，你发现了什么规律？ 问题 6-1：有什么方法可以更直观地表示这组数据的变化规律？ 问题 6-2：观察图表，可以用函数来刻画这两个变量的关系吗？	通过观察表格、寻找规律，描点绘图、观察图像，在平面直角坐标系中绘图，猜测接近于反比例函数 （注：手动绘图存在一定误差，可运用现代信息技术如 GeoGebra 软件，利用已学的函数图像与性质，确定函数更接近于反比例函数，即可以选择反比例函数来刻画这两个量之间的关系，拟合得到函数表达式）

续 表

环节	主干问题	提示及注意事项
应用模型	回答上述问题4：想要吹出中音la，应该使用长度为多少的吸管？	找到中音la对应的振动频率(880 Hz)，代入函数表达式中计算，得到应使用的吸管长度
成果展示	吹奏歌曲《玛丽有只小羊羔》《小星星》	材料准备： 1.吸管若干；2.剪刀；3.刻度尺；4.计算器 具体要求： 1.根据音阶频率表及曲谱，计算并裁剪出所需音调对应的吸管长度，完成吹奏表演； 2.追求单音衔接的流畅性和表演形式的创新性
归纳小结	问题7：回顾探索音调与吸管长度关系的过程，你经历了哪些步骤？	数学建模的一般步骤： 由实验获得数据→用描点法画出图像→根据图像选择函数→拟合求得函数关系式→应用模型解决问题
拓展优化	问题8：回顾整个流程，你认为可以通过优化、改进哪些环节使得演奏效果更为饱满突出？	可以在乐器载体、模型选择等方面做出改进
	问题9：你是否可以借助吸管制作更多的简易乐器？	运用数学建模的方法继续探究，制作排箫、竖笛等自制乐器

表2　"制作简易的吸管乐器"实验吸管长度与振动频率参考数据

吸管长度/mm	振动频率/Hz
65	1 317.57
76	1 140.15
84	1 039.87
89	980.44
126	682.57
134	642.72
152	573.17
172	517.13

参考文献

［1］华罗庚.从杨辉三角谈起[M].北京：科学出版社,1956.

［2］吴文俊.吴文俊文集[M].济南：山东教育出版社,1986.

［3］汪晓勤,韩祥临.中学数学中的数学史[M].北京：科学出版社,2002.

［4］徐庄,傅起凤.七巧世界[M].北京：大众文艺出版社,2002.

［5］吴鹤龄.七巧板、九连环和华容道：中国古典智力游戏三绝[M].北京：科学出版社,2004.

［6］张维忠.文化视野中的数学与数学教育[M].北京：人民教育出版社,2005.

［7］阿尔弗雷德·申茨.幻方：中国古代的城市[M].梅青,译.北京：中国建筑工业出版社,2009.

［8］（汉）张苍,等.九章算术：人类科学史上应用数学的最早巅峰[M].修订版.曾海龙,译解.南京：江苏人民出版社,2011.

［9］邓可卉.比较视野下的中国天文学史[M].上海：上海人民出版社,2011.

［10］（宋）杨辉原著.吕变庭释注.增补《详解九章算法》释注[M].北京：科学出版社,2014.

［11］（汉）司马迁撰.（日）泷川资言考证.杨海峥整理.史记会注考证[M].上海：上海古籍出版社,2015.

［12］王渝生.我国封建社会中数学与天文历法的关系[J].自然辩证法通讯,1984,6(5)：33-36.

［13］胡炳生.一代宗师与中华数学教育：纪念清初我省数学大师梅文鼎诞辰355周年[J].安徽教育,1988(3)：43-44.

［14］本刊记者."纪念梅文鼎国际学术讨论会"在安徽举行[J].数学教学研究,1989(3)：35.

［15］张碧莲.论梅文鼎的几何思想：梅文鼎对勾股定理的研究[J].陕西师范大学学报（自然科学版）,1989,17(2)：71-75.

［16］樊永明.梅文鼎对勾股定理的研究[J].中学数学教学,1995(S1)：45-46.

[17] 朱哲.梅文鼎对勾股定理的证明及其与欧几里得方法的比较[J].中学数学杂志(初中),2005(6):59-61.

[18] 邓可卉,李迪.对圭表起源的一些看法[J].科学技术与辩证法,1999,16(5):48-51.

[19] 邹大海.从先秦文献和《算数书》看出入相补原理的早期应用[J].中国文化研究,2004(4):52-60.

[20] 王琼,罗布.藏族传统文化中蕴含的数学思想[J].西藏研究,2009(1):52-58.

[21] 何驽.山西襄汾陶寺城址中期王级大墓ⅡM22出土漆杆"圭尺"功能试探[J].自然科学史研究,2009,28(3):261-276.

[22] 袁思情,李俊.对"圆出于方"解释的探析[J].小学教学(数学版),2010(6):46-47.

[23] 吴撷芳."七巧板悖论图"的解答[J].中学生数学,2011(12):29.

[24] Frank J. Swetz 袁向东译 姚景齐校.相似性还是"出入相补原理":一则文化上的误解[J].数学译林,2012(3):258-263.

[25] 代钦.中国的传统数学教学智慧[J].数学通报,2012,51(8):1-7,16.

[26] 赵佳琪.鲁班尺的应用及传统造物思想研究[D].北京:中国艺术研究院,2012.

[27] 董杰.试论梅文鼎球面余弦定理及符号判定法[J].西北大学学报(自然科学版),2014,44(5):848-854.

[28] 曹迪.民族化语境下中国剪纸动画的艺术特色研究[J].当代电视,2014(5):109-110.

[29] 崔立根.从"田忌赛马"评战国时期的赛马活动[J].兰台世界,2014(18):45-46.

[30] 杨会会.什么是"规"和"矩"[J].数学小灵通(5—6年级版),2015(S1):65-66.

[31] 冯时.奉时圭臬 经纬天人:圭表的作用及对中国文化的影响[J].文史知识,2015(3):9-16.

[32] 张奠宙.多一点数学文化的考题[J].数学教学,2015(9):50.

[33] 温建红,王列.从不同视角解析数学教科书中的习题:以"漏壶"问题为例[J].数学通报,2016,55(4):33-36.

[34] 王卫静,李颜肖.中国剪纸艺术的美学原理及其在服装设计上的应用[J].丝绸,2016,53(5):50-54.

[35] 钱见宝.赵爽弦图中的数形结合再探究[J].数学通讯,2016(18):39-41.

[36] 陈一梅.勾股定理的应用探究[J].开封教育学院学报,2017,37(12):218-220.

[37] 黎启,朱文婷.近在咫尺,中国现存最大最完整的元代"铜壶滴漏"就在广州博物馆[N].广州日报,2018-01-29.

[38] 乔晓光.作为纸文明传统的中国剪纸[J].文化遗产,2018(1):27-35.

[39] 俞求是.《周髀算经》"周公商高问答"相关问题的研究[J].数学通报,2019,58(2):13-14.

[40] 汪晓勤.算术三角形的历史及其文化价值[J].中学数学月刊,2019(4):52-55.

[41] 李清强.渗透数学文化 活用基本图形[J].中学数学教学参考,2019(32):45-47.

[42] 王进敬.HPM视角下"三角形一边的平行线性质定理及推论"教学[J].上海中学数学,2020(3):18-21,24.

[43] 杨伟,刘佳."综合与实践"的教学设计研究:以"探寻神奇的幻方"为例[J].中小学数学(初中版),2021(3):50-53.

[44] 罗莉华.如何利用割圆术引导学生感悟"极限思想"[J].小学数学教师,2022(1):77-78.

[45] 陈莉红,曹经富.2021年中考"图形的性质"专题命题分析[J].中国数学教育,2022(S1):68-78.

[46] 李雯,张维忠.浙江中考试题中的中华优秀传统文化内容分析[J].中学数学杂志,2022(4):58-63.

[47] 邵汉民,徐欣.讲故事学对策:人教版四上"数学广角:田忌赛马"教学实践与研究[J].小学数学教师,2022(4):35-37.

[48] 张超越.规矩何执:"伏羲女娲执规矩图"中的规矩归属问题探析[J].中国美术,2022(5):59-66.

[49] 陈中峰,蔡世英.树工具意识 重实际应用:2022年中考"方程与不等式"专题命题分析[J].中国数学教育,2023(5):24-35.

[50] 代钦.解读艺术中的数学文化:规和矩的分离与结合及其文化意义[J].数学通报,2022,61(8):8-17.

[51] 张维忠,李雯.中华优秀传统文化融入数学课程与教学:《义务教育数学课程标准(2022年版)》的新变化[J].中小学课堂教学研究,2022(10):1-4,8.

[52] 傅兰英,阮洲奕.数学项目学习开发路径与实践:以"数学与音乐"为例[J].数学之友,2022,36(13):52-54,57.

[53] 刘金英.尺规作图　画出精彩：基于2022年中考感悟尺规作图的育人价值[J].中国数学教育(初中版),2022(12)：41-45.

[54] 陈可可,唐恒钧.婺州窑中的数学美及项目学习设计[J].中学教研(数学),2023(1)：22-25.

[55] 张青云.于基础处显能力　在思维中现素养：2022年中考"图形的性质"专题解题分析[J].中国数学教育,2023(S1)：42-52.

[56] 张维忠,李婉玥,倪明.古今计时工具：从"漏壶"说起[J].中学数学月刊,2023(3)：1-6.

[57] 赵千惠,张维忠.STEAM理念下的高中数学拓展课教学探究：以"奏响PVC Tubulum中的数学之声"为例[J].数学通报,2023,62(3)：56-62.

[58] 张维忠,唐慧荣.中国古代数学的图腾：赵爽弦图[J].中学数学月刊,2023(6)：1-3.

[59] 张维忠,唐慧荣.中国古代数学的图腾：赵爽弦图(续)[J].中学数学月刊,2023(7)：1-3,7.

[60] 林琪瑜,张维忠."赵州桥"中的传统数学文化[J].中学数学杂志,2023(8)：63-65.

[61] 史宁中.美与数学[J].中学数学教学参考,2023(10)：2-6,16.

[62] 张维忠,邵诺愉.中国传统思维中的整体性思想：出入相补[J].中学数学月刊,2023(10)：1-5.

[63] 张维忠,唐慧荣.千古绝技：中国古代几何中的割圆术[J].中学数学月刊,2023(11)：1-5.

[64] 张维忠,宋晓煜.光影与数学的完美结合：中国皮影[J].中学数学月刊,2024(6)：1-6.

后　　记

　　数学文化与数学教育是我多年的主要研究方向。从 20 世纪 80 年代末我就开始了这个领域的学习与研究,弹指间已经沉浸于其中 30 余年了。这期间,我发表了上百篇数学文化与数学教育方面的论文,编撰了近 10 部相关专著或教材。

　　2022 年暑假,我多年的好朋友、刚刚荣休的华东师范大学出版社倪明编审专门和我联系,谈到华东理工大学出版社要策划一本《了不起的中国传统数学文化》,希望他帮忙推荐作者,他马上想到了我。倪明兄退休前负责教辅图书、学生读物的出版,他和我提及参与《了不起的中国传统数学文化》撰写一事,我觉得这是一件对数学乃至数学文化传播十分有利的好事,很有意义。而且,我之前的著作的读者对象主要是数学文化与数学教育领域的研究者、数学教师,还从未专门为中学生编写过一本书。

　　于是,我们立马行动,又找了我以前的学生、现任《中学教研(数学)》主编唐恒钧教授一起讨论。之后我又邀请了包括我门下已经毕业、在一线教数学的老师和教研员或正在读书的研究生 10 余人,组建了本书的写作团队。

　　为了做好这项工作,我们重新研读《义务教育数学课程标准(2022 年版)》,整理了其中有关数学文化的内容与要求,收集了各版本初中数学教材中涉及数学文化的章节,寻找了近 10 年中考数学含有文化内容的试题。在此基础上,2022 年 10 月我们团队与编辑一起召开了写作研讨会,就三个专题样例做了深入的研讨,对写作的专题、各专题的要点、全书的篇幅等达成了共识。

　　这本书原计划包括 20 个专题,最终从已完成的 20 多个专题中精简为 18 个。为了方便与同行交流,并期望所写的视角得到更多的认可,以便改进我们的写作方案,我们选择了几个专题,对书稿内容作进一步扩充、调整后,发表在数学教育类刊物上。巧合的是,关于"漏壶"的专题,文章刊发在《中学数学月刊》2023 年第 3 期上,2023 年 6 月浙江台州的数学中考题也以"漏壶"作为背景。

　　在撰写过程中,我和唐恒钧、倪明完成了全书框架的策划与讨论,尤其是倪明兄提出了不少建设性的意见。我们三人还参与了部分专题的写作,并分工完成了初稿的修改与审定,最终由我负责统稿、定稿。借此机会,感谢参与书稿撰写的老师和同学，特别感谢华东理工大学出版社的编辑们的精心策划与细心校订。在编写过程中，本书参考和引用了诸多论著及全国各地的中考数学试题，这里向作者和中考数学出题单位表示感谢。书中部分图片来自包图网、摄图网等图片网站，在此一并表示感谢。

  本书主要供初中生数学拓展阅读，也可供中考复习有关数学文化内容及教师讲授数学文化时参考。诚然，这样的写作对我们来说是一次尝试，我们的内心是忐忑的。错误、不当之处在所难免，欢迎广大读者提出批评，以便再版时加以改进。来函可寄浙江省金华市浙江师范大学教育学院张维忠，电子邮箱：lzzwz@zjnu.cn。

张维忠

于浙江师范大学

2024 年 3 月